高等院校艺术设计专业精品系列教材

“互联网 +”新形态立体化教学资源特色教材

Advertising Creativity
and Pianning

广告创意与策划

邓诗元　张　颢　主编

总主编　邓诗元

中国轻工业出版社

图书在版编目（CIP）数据

广告创意与策划 / 邓诗元，张颢主编. —北京：中国轻工业出版社，2024.5
全国高等教育艺术设计专业规划教材
ISBN 978-7-5184-1579-3

Ⅰ. ①广… Ⅱ. ①邓…②张… Ⅲ. ①广告学—高等学校—教材 Ⅳ. ①F713.8

中国版本图书馆CIP数据核字（2017）第206789号

内容提要

本书主要讲述广告创意与策划的基本知识，全书共8章，主要包括广告创意概论、广告文案创意、广告创意表现与不同媒介的广告创意、广告策划概论、广告市场调查与分析、广告媒体策划和广告策划的实施与评价等内容，通过生动的语言对广告创意与策划知识点进行详细的讲解。本书采用图文混排与图解的形式，以图代文，深入浅出，便于初学者掌握。每章配有二维码PPT课件，可供有关设计人员及高等院校有关专业的师生使用或参考。

责任编辑：王　淳　李　红　　责任终审：孟寿萱　　整体设计：锋尚设计
策划编辑：王　淳　　责任校对：吴大朋　　责任监印：张　可

出版发行：中国轻工业出版社（北京鲁谷东街5号，邮编：100040）
印　　刷：艺堂印刷（天津）有限公司
经　　销：各地新华书店
版　　次：2024年5月第1版第7次印刷
开　　本：889×1194　1/16　印张：7.25
字　　数：220千字
书　　号：ISBN 978-7-5184-1579-3　定价：42.00元
邮购电话：010-85119873
发行电话：010-85119832　010-85119912
网　　址：http://www.chlip.com.cn
Email：club@chlip.com.cn

240835J1C107ZBW

前言 PREFACE

广告，即广而告之。广告是一种为了某种特定的商业需要，通过一定形式的媒体，公开而广泛地向公众传递信息的宣传手段，广告有广义和狭义之分。广义广告包括非经济广告和经济广告，非经济广告指不以盈利为目的的广告，又称效应广告，如政府行政部门、社会事业单位乃至个人的各种公告、启事、声明等，主要目的是推广。狭义广告仅指经济广告，又称商业广告，是指以盈利为目的的广告，通常是商品生产者、经营者和消费者之间沟通信息的重要手段，或企业占领市场、推销产品、提供劳务的重要形式，主要目的是扩大经济效益。

广告创意与策划是广告活动中的重要组成部分，同时又是广告的一个分支，它既能体现设计领域中审美、实用的特质，同时又能承担信息传播的独特使命。很多设计人员及本专业的学生都非常渴望掌握广告创意与策划的相关知识，而市场上对应的教材大多是讲述广告创意与策划的表面知识，但没有深入对广告创意与策划原理进行阐述，不能激发大家的学习欲望，对大家的设计思维也不能起到有效的推动作用。

在新媒体发展的背景下，广告实践越来越需要新理论模型、新思想、新观点的支撑，这是广告行业未来发展的价值主线。在创意与策划上，无论是企业主，还是广告业界，对新媒体的创意和策划比以往更为迫切，如何在吸收新媒体创意与策划案例的基础上，梳理、重建广告教学理论，提高阅读黏度，是本书编写中重点关注的内容。

针对市面上已有书籍的不足，我们编写了《广告创意与策划》，包括广告创意概论、广告文案创意、广告创意表现与不同媒介的广告创意、广告策划概论、广告策划的市场调查与分析、广告媒体策划和广告策划的实施与评价等内容，同时加入了优秀广告设计实例欣赏加强学生对广告设计应用能力的掌握。

通过本教材的学习，可掌握广告创意与策划的基本知识，并通过各章节对创意与策划的产生与执行的详细讲解，使学生对广告创意与策划具有初步的理性分析和表达能力，为今后的专业设计打下良好的基础。

本书在汤留泉老师指导下完成编写，为本书提供图片的同仁如下：王江泽、王欣、袁倩、叶伟、肖冰、袁徐海、万阳、张慧娟、彭尚刚、戴陈成、王光宝、朱妃娟、黄溜、张达、童蒙、钟羽晴、朱梦雪、张欣，在此表示感谢。

编者

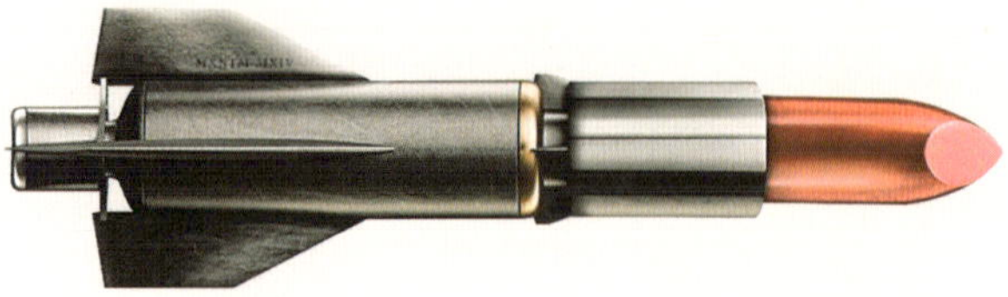

目 录 CONTENTS

第四章　不同媒介的广告创意

第五章　广告策划概论

第六章　广告市场调查与分析

第七章　广告媒体策划

第八章　广告策划实施与评价

1

第一章
什么是广告

学习难度：★☆☆☆☆

重点概念：广告学、广告创意与策划

PPT 课件，请在计算机里阅读

章节导读

广告学是一门独立的学科，它是研究广告活动的历史、理论、策略、制作与经营管理的科学。有关广告的知识，起初只零星地见于新闻学科和经济学科的部分章节内，且不成系统。到现在为止，广告知识仍是这些学科的组成内容之一，如新闻学、市场学、企业管理学、商业心理学等都论述到广告的内容（图1–1）。

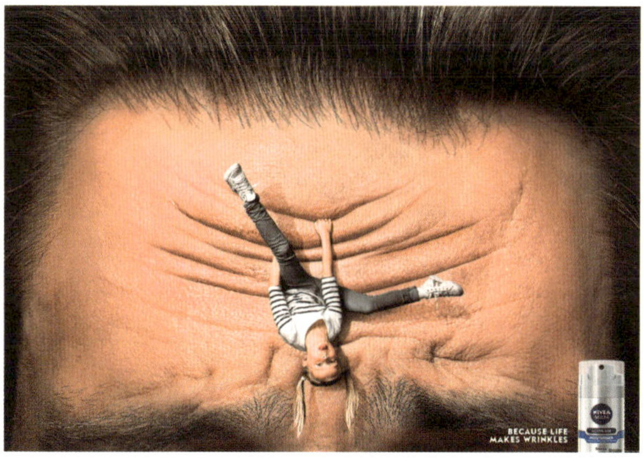

图1–1　商业广告

第一节　广告学与广告

一、广告学

广告学是研究广告活动的历史、理论、策略、制作与经营管理的学科。

随着商品经济的发展，市场经济由“卖方市场”向“买方市场”的转化，市场竞争日趋激烈，争夺消费者和增加市场占有份额成为企业成败的关键。随着科学技术的进步，广告手段日益科学化、现代化，运用广告来开拓市场，争取消费者，成为企业开发市场、扩大商品销售的重要手段。

由于广告活动的范围日益扩大，广告活动的形式丰富多彩，广告业务不断增加，专业广告组织也开始出现，对广告理论和广告策略的研究也日益为人们所重视。为了加强对广告人才的专业化培养，加强对广告理论的研究，不少高等院校增设了广告专业或开设广告课程。广告理论研究的日益发展和广告工作的实际需要，逐渐使广告学成为一门正规的和独立的学科，从新闻学和商业经济学中分离出来。

广告学包括：广告史、广告写作、广告策划、广告战略、广告战术、媒体选择、广告心理、广告摄影、广告设计、广告管理、广告道德规范等一系列原理和理论。这些原理和理论揭示了广告活动的基本规律。

广告学主要研究的对象是商业性广告，即经济广告或盈利性广告（图1–2、图1–3）。

图1–2　汉堡广告

商业广告是指由工农商企业、经济单位或集团、个人所做的旨在促进商品或劳务销售的广告。其广告对象主要是各种商品的经营者、使用者和消费者，包括个体与集体两种类型的使用者和消费者，同时也包括生产消费和生活消费两方面的内容。广告的传播者是推销商品或劳务的经济组织或个人。广告的内容，是有关出售商品或劳务的信息。广告的接受者则是需要购买该种商品或劳务的经济组织或个人。商品和劳务在市场中的运动都是有规律的，广告活动必须遵循这些商品运动的规律，才能够取得最大的经济效益。广告学研究的目的，就是探讨商业广告活动如何有效地促进商品和劳务销售的规律。

广告学研究的中心问题，是探讨和揭示广告活动在商品促销中的运动规律，它着重研究下述几项内容。

1. 广告的基本原理

广告的基本原理主要是研究广告的基本概念，分析广告在商品经济中产生和发展的必然性，确定广告在商品经济中的地位和作用以及广告的基本任务等。

2. 广告策划

广告策划包括广告调查、广告计划、广告预算、广告策略、广告实施及效果测定等。

3. 广告设计与制作

广告设计与制作是针对广告公司和专业设计公司的需求，培养具备综合素质和技能的设计师，使设计师掌握广告设计不同职位需求的专业设计技能，并具备独立完成各种设计项目的能力。

总之，广告学的基本任务，围绕着以上这几项研究内容而展开。广告学的基本任务是揭示商业广告的基本规律。尤其在中国，广告活动的发展水平还较低，企业主利用广告作为辅助其商业活动的有效手段的意识也还很淡薄。因此，摆在中国广告界面前的任务，就是不仅要努力提高广告的创作水平，努力提高广告宣传的经济效益，而且，还要通过广告活动，推广和普及广告活动是人们从事商业活动的有效的辅助和促进手段的意识，从而达到促进中国社会主义商品经济发展的目的。为此，就迫切需要提高广告的理论水平，以指导中国广告事业的健康发展。

二、广告

广告，即广而告之的意思。广告是为了某种特定的需要，通过一定形式的媒体，公开而广泛地向公众传递信息的宣传手段，广告有广义和狭义之分。

广义广告包括非经济广告和经济广告，非经济广告指不以盈利为目的的广告，又称效应广告，如政府行政部门、社会事业单位乃至个人的各种公告、启事、声明等，主要目的是推广；狭义广告仅指经济广告，又称商业广告，是指以盈利为目的的广告，通常是商品生产者、经营者和消费者之间沟通信息的重要手段，或企业占领市场、推销产品、提供劳务的重要形式，主要目的是扩大经济效益（图1–4）。

图1–3　口红广告

图1–4　广告招贴

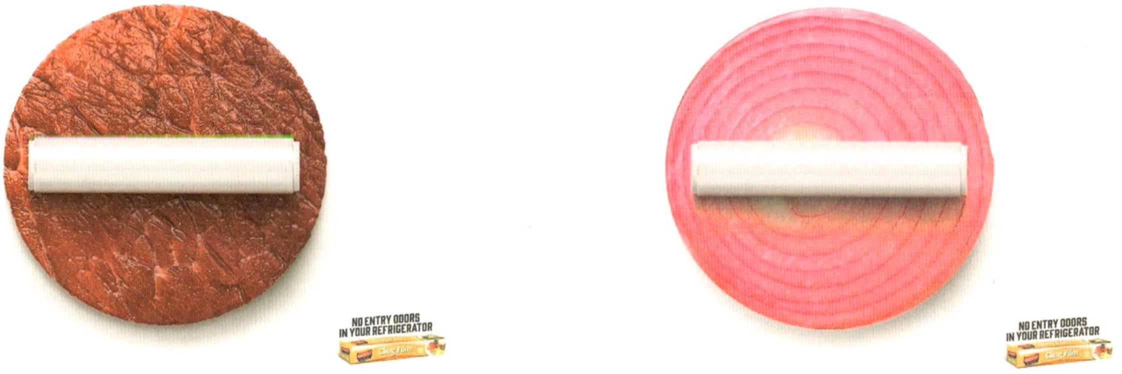

（a）　（b）

图1–5　保鲜膜广告

1. 特点

广告不同于一般大众传播和宣传活动，主要表现在以下几个方面。

（1）广告是一种传播工具，是将某一项商品的信息，由这项商品的生产或经营机构（广告投资人）传送给一群用户和消费者。

（2）做广告需要付费。广告设计与策划需要消耗大量人力、物力，具有一定甚至很大成本。

（3）广告进行的传播活动是带有说服性的。只有说服才能起到促进信息流通与推广的作用。

（4）广告是有目的、有计划、连续的。形成系统的广告更能获取潜在消费者的认知，促进其接受有用的广告信息（图1–5）。

2. 要素

以广告活动的参与者为出发点，广告构成要素有：广告投资人、广告公司、广告媒体、广告信息、广告思想和技巧、广告受众、广告费用及广告效果。

以大众传播理论为出发点，广告信息传播过程中的广告构成要素主要包括：广告信源、广告信息、广告媒介、广告信宿等。

3. 理念文化

一类是基本要素，又称为显性要素。它通过信源、信息、媒体、通道、对象和反馈，扩大广告文化的氛围，强化广告的全面功能。另一类是隐性要素。它通过情感因素、心理因素、时空环境、文化背景、权威意识进一步拓宽广告文化的功能。

图1–6　游戏产品广告设计

4. 广告的意义

广告之所以存在是有其特殊意义的，它可以传达出平面的信息、品牌、形象从而吸引消费。其意义主要包括下列几个方面。

（1）准确表达广告信息。广告设计是一门实用性很强的学科，有明确的目的性，准确传达广告信息是广告设计的首要任务。在现代商业社会中，商品和服务信息绝大多数都是通过广告传递的，平面广告通过文字、色彩、图形将信息准确地表达出来，而二维广告则通过声音、动态效果表达信息，通过以上各种方式商品和服务才能被消费者接受和认识。由于文化水平、个人经历、受教育程度、理解能力的不同，消费者对信息的感受和反应也会不一样，所以设计时需仔细把握（图1–6）。

（2）树立品牌形象。企业的形象和品牌决定了企业和产品在消费者心中的地位，这一地位通常靠企业的实力和广告战略在维护和塑造。在平面广告中，报纸广告，杂志广告由于受众广、发行量大，可信度高而具有很强的品牌塑造能力。而结合二维广告，则可以使塑造力大大增强。

（3）引导消费。平面广告一般可以直接打到消费者手中，而信息详细具体，因此如购物指南，房产广告、商品信息等都可以引导消费者去购买产品。二维广告则可以通过动态效果的影响，促使消费者消费。

（4）满足消费者。一幅色彩绚丽、形象生动的广告作品，能以其非同凡响的美感力量增强广告的感染力，使消费者沉浸在商品和服务形象给予的愉悦中，使其自觉接受广告的引导。因此广告设计是物质文化和生活方式的审美再创造，通过夸张、联想、象征、比喻、诙谐、幽默等手法对画面进行美化处理，使之符合大众的审美需求，可以启发消费者的审美情趣，从而有效地引导其在物质文化和生活方式上的消费观念（图1–7）。

图1–7　smart汽车广告设计

– 补充要点 –

设计师——雷蒙德·罗维

雷蒙德·罗维（Raymond Loewy）1889年出生于法国巴黎，是法国工业设计的重要奠基人之一，一生从事工业产品设计、包装设计及平面设计（特别是VI），参与项目多达数千个，设计领域极为广泛，代表了第一代美国工业设计师水平。他把设计高度专业化和商业化，使他的设计公司成为20世纪世界上最大的设计公司之一。罗维不仅对工业技术深感兴趣，对于人的视觉敏感性也有很深的认识和追求，设计既具工业化的特征，又不乏人性化。他一生有无数荣誉，他是第一位被《时代》周刊作为封面人物的设计师。

第二节　广告创意与广告策划

一、广告创意

广告创意是指通过独特的技术手法或巧妙的广告创作脚本，更突出体现产品特性和品牌内涵，并以此促进产品销售。

1. 定义

（1）广义理解。它包含了广告活动中创造性的思维，只要是涉及创造性的方面，从战略、形象，到战术以及媒体的选择等，“创意”二字实践出新的方案上。

图1-8 汤达人创意广告

图1-9 染发膏创意广告

（2）狭义理解。现实中，广告界更愿意以“广告作品的创意性思维”来定义广告创意。

广告创意简单来说就是通过大胆新奇的手法来制造与众不同的视听效果，最大程度地吸引消费者，从而达到品牌传播与产品营销的目的（图1-8、图1-9）。

2. 原则

创新思维或称创造性思维，是指人们在思维过程中能够不断提出新问题和想出解决问题方式的独特思维。可以说，凡是能想出新点子、创造出新事物、发现新路子的思维都属于创新思维。在广告创意过程中必须运用创新思维。为此，应把握以下原则：

（1）冲击性原则。在令人眼花缭乱的报纸广告中，要想迅速吸引人们的视线，在广告创意时就必须把提升视觉张力放在首位。

照片是广告中常用的视觉内容。据统计，在美国、欧洲、日本等经济发达国家，平面视觉广告中95%是采用摄影手段。将摄影艺术与电脑后期制作充分结合，拓展广告创意的视野与表现手法，产生强烈的视觉冲击力，给观众留下深刻的印象。

（2）新奇性原则。新奇是广告作品引人注目的奥秘所在，也是一条不可忽视的广告创意规律。有了新奇，才能使广告作品波澜起伏，奇峰突起，引人入胜；有了新奇，才能使广告主题得到深化、升华；有了新奇，才能使广告创意远离自然主义向更高的境界飞翔。

在广告创作中，由于思维惯性和惰性形成的思维定式，使得不少创作者在复杂的思维领域里爬着一条滑梯，看似“轻车熟路”，却只能推动思维的轮子作惯性运动，“穿新鞋走老路”。这样的广告作品往往会造成读者感官上的麻木，弱化了广告的传播效果（图1-10）。

（3）包蕴性原则。吸引人们眼球的是形式，打动人心的是内容。独

图1-10　德国柏林戒烟公益广告

特醒目的形式必须蕴含耐人思索的深邃内容，才拥有吸引人一看再看的魅力。这就要求广告创意不能停留在表层，而要使“本质”通过“表象”显现出来，这样才能有效地挖掘读者内心深处的渴望。

好的广告创意是将熟悉的事物进行巧妙组合而达到新奇的传播效果。广告创意的确立，围绕创意的选材，材料的加工，电脑的后期制作，都伴随着形象思维的推敲过程。推敲的目的，是为了使广告作品精确、聚焦、闪光。

（4）渗透性原则。人最美好的感觉就是感动。感人心者，莫过于情。读者情感的变化必定会引起态度的变化，出色的广告创意往往把“以情动人”作为追求的目标。

（5）简单性原则。国际上流行的创意风格越来越简单、明快。一个好的广告创意表现方法包括三个方面：清晰、简练和结构得当。简单的本质是精练化。广告创意的简单，除了从思想上提炼，还可以从形式上提纯。简单明了绝不等于无需构思的粗制滥造，构思精巧也绝不意味着高深莫测。平中见奇，意料之外，情理之中往往是传媒广告人在创意时渴求的目标。

图1-11　广告策划形成

总之，一个带有冲击性、包蕴深邃内容、能够触动人心、新奇而又简单的广告创意，首先需要想象和思考。只有运用创新思维方式，获得超常的创意来打破读者视觉上的“恒常性”，寓情于景，情景交融，才能唤起广告作品的诗意，取得超乎寻常的传播效果。

二、广告策划

广告策划就是对于提出广告决策、实施广告决策、检验广告决策全过程作预先的考虑与设想，是对广告的整体战略与策略的运筹规划。广告策划不是具体的广告业务，而是广告决策的形成过程（图1-11）。

广告策划和策划学一样，广告活动也是一项系统工程，要经历一套复杂的程序，如广告的调查、广告战略的制定、广告效果的测定等。广告策划是对推行整个广告活动的运筹规划，是一种先于提出广告决策、实施广告决策和检验广告决策的设想，是对具体的广告业务提出的基本原则和策略。它的任务是确定广告目标、广告对象、广告计划、广告策略等原则问题，也就是要解决广告应达到什么目的，确定广告目标受众，决定广告诉求重点，以及对广告效果的测定等一系列重大问题。

在广告事业发达的国家里，广告策划已成为一种科学的广告管理活动。在我国尽管广告策划的历史还比较短，但是随着科学技术和商品生产的发展，市场的细分化，消费者需求的多样化，广告媒体的新型化，广告活动也要科学化。我国广告策划的发展顺应了广告事业发展的趋势，也是广告专业水平不断提高，专业功能不断完善的体现。

从上述广告策划的基本含义中可以看出，广告策划的本质特征可以用以下6M来概括：

（1）Market：市场——对广告目标市场的选择及其特征的把握。

（2）Message：信息——确定广告需要传达的正确信息。

（3）Media：媒体——选择什么样的媒体将广告中的信息传播给目标受众。

（4）Motion：活动——使广告发生效果的相关行销、促销活动。

（5）Measurement：评估——对广告效果的检测，事后、事中和事前的各种评估。

（6）Money：费用——广告需要投入的经费、预算。

广告策划人依据上述要求，进行广告调查，掌握市场情况，进行研究论证，提出广告活动的原则和战略策略。在这些原则和策略的指导下，确定广告目标、广告对象、广告主题、广告方式、广告时机、广告地域、广告媒体、广告效果等一系列重要问题。最终拟定出广告策划书（图1-12）。

图1-12　脉动广告策划

— 补充要点 —

古代兴起的广告形式——叫卖广告

在兜售商品时，通过卖啥吆喝啥来吸引买主，称为叫卖广告。如卖油翁一边敲"梆子"，一边吆喝"卖油啰"。叫卖之声，清晰悦耳，且不同的行业，叫卖声各有特点。这种叫卖广告说明了广告与音响的关系，它是音响作为广告要素的原始形态。

课后练习

1. 什么是广告学？
2. 广告的基本原理是什么？
3. 广告的特点有哪些？
4. 广告创意的原则有哪些？
5. 广告策划特征6M是什么？
6. 说一则你印象最深刻的广告，并分析其中的策划思想。

2

第二章

广告创意概论

学习难度：★★☆☆☆

重点概念：创意原理、创意原则、创意思维

PPT 课件，请在计算机里阅读

章节导读

广告创意包含了广告活动中创造性的思维，只要是涉及创造性的方面，从战略、形象，到战术以及媒体的选择等，“创意”二字实践出新的方案上。狭义理解，现实中，广告界更愿意以“广告作品的创意性思维”来定义广告创意。广告创意简单来说就是通过大胆新奇的手法来制造与众不同的视听效果，最大程度地吸引消费者，从而达到品牌传播与产品营销的目的。广告创意是指广告中有创造力地表达出品牌的销售信息，以迎合或引导消费者的心理，并促成其产生购买行为的思想（图2-1）。

图2-1　轮胎创意广告

第一节　广告创意原理

广告创意是指使广告达到广告目的的创造性主意，广告创意的核心在于提出“理由”，继而讲究“征服”，以求促成行动。

广告创意的产生如同生产汽车一样，创意并非一刹那的创意闪现，而是要经过一个复杂而曲折的过程，靠人脑中的各种知识和阅历累积而成，是通过一连串看不见、摸不着的心理过程制造出来的（图2-2）。

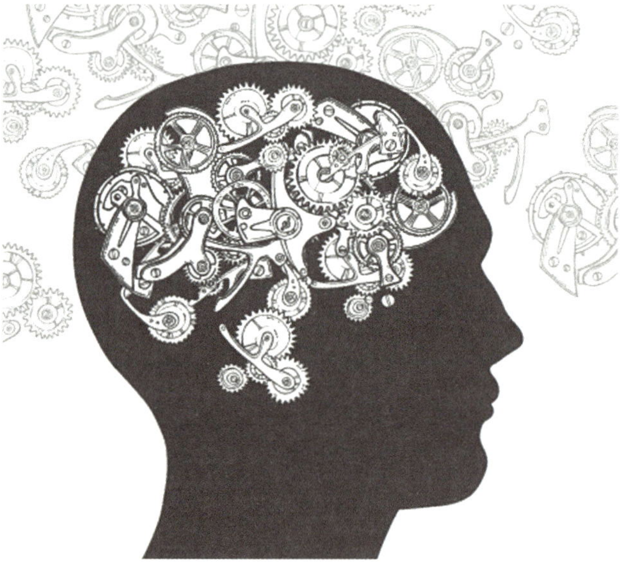

图2-2　人脑创意广告

广告创意一般可以分为如下五个阶段。

1. 收集资料

收集原始资料，广告创意需要收集的资料有两个部分：特定资料和一般资料，这两类资料都需要从客户与市场上去挖掘。

2. 分析资料

用心智去仔细检查搜集到的资料。列出广告商品与同类商品都具有的共同属性。分别列出广告商品和竞争商品的优势、劣势，通过对比分析，找出广告商品的竞争优势。列出广告商品的竞争优势带给消费者的种种便利，即诉求点。最重要的是找出消费者最关心、最迫切需要的要求，即定位点，找到了定位点也就是找到了广告创意的突破口。

3. 酝酿阶段

深思熟虑，让许多重要的事物有意识地进行综合，这个阶段还需要反复比较，去除不妥之处，不断改进。

4. 顿悟阶段

实际产生创意，这个阶段很偶然，并不是所有创意者和设计师都能完美地达到这个阶段，但是经过充分准备上述三个阶段，加上一定的市场调研与职业生涯磨砺，都能获得较好的顿悟。

5. 验证阶段

验证是创意产生过程的最后一个阶段。将创意广告进行发展，或者在正式实施前进行评估，使之能够进入市场起到实际作用。

－ 补充要点 －

广告定位是广告创意的前提

广告定位是广告创意的前提。广告定位先于广告创意，广告创意是广告定位的表现。

广告定位所要解决的是“做什么”，广告创意所要解决的是“怎么做”，只有明确做什么，才可能发挥好怎么做。一旦广告定位确定下来，怎样表现广告内容和广告风格才能够随后确定。由此可见，广告定位是广告创意的开始，是广告创意活动的前提。

第二节　广告创意原则

广告创意既要打破常规，力求新颖独到，又要受制于产品或服务的特点、消费者、广告主的营销目标、竞争对手等因素。因此，创意必须遵循一定的原则。

一、关联性原则

关联性原则指广告创意要与商品信息关联、与目标对象的生活形态关联、与企业期望的公众行为关联，否则就失去了意义。

1. 与商品信息关联

广告是为表现商品或服务的特点而做的，它所表现的内容和形式都要紧紧围绕商品相关的主观或客观信息，让受众看了知道是宣传商品或服务哪一方面的信息。表现的内容和形式要让消费者有很自然地联想，有说服力（图2-3）。

2. 与目标对象的生活形态关联

广告是针对特定对象的传播。广告中所宣传的内容和借以宣传内容的形式应该是目标对象熟悉的，与目标对象息息相关的。这样才容易让受众产生亲近

（a）

（b）

图2-3　国外优秀广告创意

感。进而采取广告所期望的购买行动。尤其在表现方式上要充分考虑受众的好恶（图2-4）。

3. 与企业期望的公众行为关联

广告要为实现企业的目标服务。广告主之所以投资广告，是因为和别的投资一样，要有收益。每个广告作品、广告活动都是为达到一定目的而做的。

二、原创性原则

原创即自己首创、非抄袭模仿的、内容和形式都具有独特个性的作品。广告创意的原创性实质就是创新、与众不同（图2-5）。

三、震撼性原则

震撼性指的是广告要给消费者留下深刻的印象。记住广告的重要画面或有特色的声音或语言，有助于消费者在有相关需求的时候想起这个广告的产品，从而去购买该产品。

广告的震撼力来自纯粹的感官刺激，同时“从平凡见崎岖，化腐朽为神奇”正是广告创意震撼性的又一体现。画面的用色、音乐、节奏、数字等都可以达到震撼的效果（图2-6），即事实和情感都使人震动。

图2-5　原创快递广告

图2-4　晚霜广告

图2-6　震撼的保护环境的广告

— 补充要点 —

创新思维的独创性

创新思维是对思维某些特征的强化，比如说，从多角度观察和思考问题的发散性，把需要解决的问题与其他事物进行联系和比较的分离性，思维过程的辩证性，思维空间的开放性，思维主体的能动性以及思维成果的独创性。其中独创性是创新思维最具代表性的特征，也是广告创意的关键。因为，创意过程中独具一格的思维特点，就是创新思维的独创性。

第三节 广告创意思维

一、广告创意的思维特征

1. 广告创意思维的求异性

所谓思维的求异性，就是打破原有的思维模式，寻求事物质和形的变异。思维的求异性是广告创意思维的本质特征。

广告创意的生命力就在于与众不同。主题可以独特，在产品同质化严重的今天，平凡的主题转换中表现手法就是创新（图2–7）。

2. 广告创意思维的抽象性

思维的抽象性就是在比较分析的基础上，从事物的许多属性中抽取其本质属性。抽象性是广告创意思维的形式特征。广告创意思维的抽象性其实是考验广告人的概括能力、透过现象看本质的能力（图2–8）。

3. 广告创意思维的联想

思维的联想，就是由一种事物想到另一种事物的心理过程。联想产生可能由当前感知的事物所引起，也可能由回忆中的事物引起。

联想实质上是在承认事物的同构性的基础上，在不同系统间交换表达符号的过程。对广告设计者来说，就是要找出能与所要表达的信息具有同构性质的形式符号，靠大脑中的联想机制创造出新的形态。而受众在观看广告时，也会展开另一种联想活动，通过对同构的认同来理解广告的意义（图2–9、图2–10）。

图2–7 旺仔牛奶广告

图2–8 抽象沃尔沃汽车广告

图2–9 类比联想汽车广告

图2–10 关系联想酱油广告

－ 补充要点 －

广告创意的基准：目标对象

广告目标对象是指广告诉求对象，是广告活动所有的目标公众，这是广告定位中“向谁广告”的问题。广告创意除了以广告主题为核心之外，还必须以广告对象为基准。“射箭瞄靶子”、“弹琴看听众”，广告创意要针对广告对象，要以广告对象进行广告主题表现和策略准备，否则就难以收到良好的广告效果。

事物本身能表现同构性的成分包括：事物的概念、形态、意义等要素。同构性还有作为整体的事物与事物之间的联系基础。广告创意的切入点和表达意向，可以从这些同构性要素中去寻找。

广告创意的联想包括事物概念间的联想、事物形态间的联想和事物意义间的联想、事物性质特征的联想等。

二、广告创意的思维形式

1. 发散思维

发散思维就是从已经明确或被限定的因素出发，进行各个方向的思考，设想出多种构思方案的思维方式，也称为扩散思维或多向思维、辐射思维。发散思维主要用于创意构思的初级阶段，是展开联想、发挥想象，寻求尽可能多的答案、设想或解决方法的有效手段。运用发散思维主要在于寻找发散点和调整发散方向（图2-11）。

2. 聚合思维

聚合思维是在所掌握的众多材料和各种信息的基础上，从一个方案入手，朝着一个目标进行深入构想的思维方式，又称为辐合思维或集中思维，主要用于创意构思的中后期。

聚合思维是一种异中求同、量中求质的方法，具有同一性、集中性与系统性的特点。同一性指思维的同一，始终沿着求同方向进行；集中性是指其思考范围有限，面向中心议题；系统性是指思维过程循规蹈矩，遵循逻辑规律，系统全面，但缺少变化。聚合思维的运用要按照理性和感性、自己和他人共同参与的原则来构思，重点是寻求能接受的最好结果，以求尽善尽美（图2-12）。

图2-11　发散思维visa广告

图2-12　聚合思维手表广告

图2-13　侧向思维汽车广告

3. 侧向思维

侧向思维是利用局外信息，从其他领域、事物中得到启示而产生新方案、新设想的思维方式，也称为旁通思维，这种思维方法能快速打开设计者创意灵感思路，在生活与工作中任何信息都可以获取，用来作为创意元素（图2–13）。

4. 逆向思维

逆向思维是按照人们的习惯的思路走向进行逆向思考，设想出一些出乎人们意料的新方案的思维方式，也称为反向思维。使用逆向思维要求有很强的洞察力，具备一定的生活经验，对任何事物的正反两面都具有比较和推理的能力（图2–14）。

图2-14　逆向思维雀巢咖啡广告

课后练习

1. 什么是创意？你是怎样理解广告创意的？
2. 广告创意应遵循哪些原则？
3. 简述关于广告创意过程的理论。
4. 广告创意思维有哪些特点？试举例说明。
5. 发散思维与聚合思维有什么不同？在广告创意中应如何运用？
6. 举例说明什么是侧向思维和逆向思维。

Coca-Cola
Coca-Cola
Coca-Cola
live on the Coke side of life™

3

第三章

广告创意表现与策略

学习难度：★★★☆☆

重点概念：创意类型、创意手法、创意程序

PPT 课件，请在计算机里阅读

章节导读

广告创意表现简称广告表现，是传递广告创意策略的形式整合，即通过各种传播符号，形象地表述广告信息以达到影响消费者购买行为的目的，广告创意表现的最终形式是广告作品。广告创意表现在整个广告活动中具有重要意义，它是广告活动的中心，决定了广告作用的发挥程度，而广告活动的管理水平最终由广告表现总和地体现出来。创意策略就是对产品或服务所能提供的利益或解决目标消费者问题的办法，进行整理和分析，从而确定广告所要传达的主张的过程。

广告创意是使广告达到广告目的的创造性的想法意念，在商业广告中能使广告达到促销目的的独特主意。它是决定广告设计水准高低的关键环节。广告创意贵在创新，只有新的创意、新的格调、新的表现手法才能吸引公众的注意，才能有不同凡响的心理说服力，加深广告影响的深度和力度，才能带来无限经济价值（图3-1）。

图3-1　创意广告

第一节　广告创意类型

广告创意可以区分为抽象创意和形象创意两种形式。抽象创意是指通过抽象概念创造性地重新组合，以表现广告的内容。形象创意是指通过具体形象创造性地重新组合，以表现广告的内容。这种类型的广告创意以形象的展现来反映广告主题，从而直观地吸引公众。

但是广告创意更多还是按创意的思维过程与创意方法来分类，可以分为以下多种类型。

一、商品情报型

商品情报型广告是最常用的广告创意类型。它以诉求广告商品的情况为核心，表现商品的现实性和真实性本质，以达到突出商品优势的目的。

二、对比型

对比是趋向对立冲突的艺术美中最突出的一种表现手法。它把作品中所描绘的事物的性质和特点放在鲜明的对照和直接对比中来表现，借彼显此，互比互衬，从对比所呈现的差别中，达到集中、简洁、曲折变化的表现。通过这种手法更鲜明地强调或提示产品的性能和特点，给消费者以深刻的视觉感受。对比型的广告创意是以直接的方式，将自己的品牌产品与同类产品进行优劣的比较，从而引起消费者注意和认牌选购。在进行比较时，所比较的内容最好是消费者所关心的，而且是在相同的基础或条件下的比较，这样才能更容易地引起消费者的注意和认同（图3-2）。

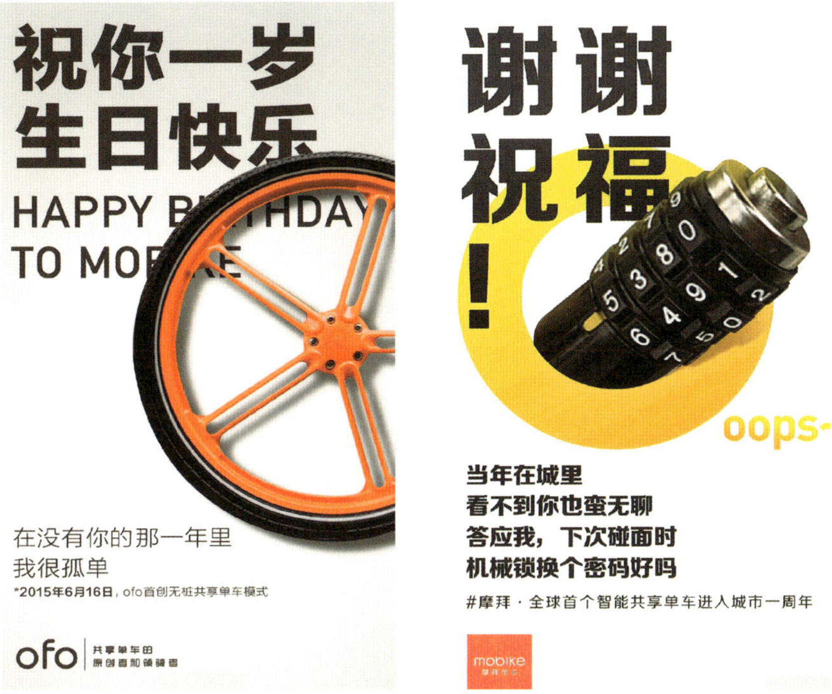

（a）　　（b）

图3-2　共享单车对比广告

三、戏剧型

这种广告创意类型既可以是通过戏剧表演形式来推出广告品牌产品，又可以在广告表现上戏剧化和情节化。在采用戏剧型广告创意时，一定要注意把握戏剧化程度，否则容易使人记住广告创意中的戏剧情节而忽略广告主题（图3–3）。

图3–3　戏剧型表演广告

四、故事型

这种类型的广告创意是借助生活、传说、神话等故事的内容展开，在其中贯穿有关品牌产品的特征或信息，借以加深受众的印象。由于故事本身就具有自我说明的特性，易于让受众了解，使受众与广告内容发生连带关系。在采用这种类型的广告创意时对人物择定、事件起始、情节跌宕都要做全面的统筹，以使在短暂的时间里和特定的故事中，宣传出有效的广告主题（图3–4）。

五、证言型

证言型广告创意一般援引有关专家、学者或名人、权威人士的证言来证明广告商品的特点、功能及其他事实，以此来产生权威效应。人们信以为真地、毫无批判地接受来自权威的信息。在其他条件相同的状况下，权威效应更具影响力，往往成为第一位的作用。

许多国家对于证言型广告都有严格限制，以防止虚假证言对消费者的误导。证言型广告要特别注意，权威人的证言必须真实，必须建立在严格的科学研究基础之上。此外，社会大众的证言，必须基于自己的客观实践和经验，不能想当然和妄加评价（图3–5）。

六、拟人型

这种广告创意以一种形象表现广告商品，使其带有某些人格化特征，即以人物的某些特征来形象地说明商品。这种类型的广告创意，可以使商品生动、具体，给受众以鲜明的深刻的印象，同时可以用浅显常见的事物对深奥的道理进行说明，帮助受众深入理解（图3–6、图3–7）。

七、类推型

这种类型的广告创意是以一种事物来类推另一种事物，以显示出广告产品的特点。采用这种创意，必须使所诉求的信息具有相应的类推性（图3–8）。

八、比喻型

比喻法是指在设计过程中选择两个互不相干，而在某些方面又有些相似性的事物，“以此物喻彼物”，比喻的事物与主题没有直接的关系，但是某一点上与主题的某些特征有相似之处，因而可以借题发挥，进行延伸转化，获得“婉转曲达”的艺术效果。与其他表现手法相比，比喻手法比较含蓄，有时难以一目了然，但一旦领会其意，便能给人以意味无穷的感受。

图3–4　故事型《今天我们这样爱国》公益广告

图3–5　证言型专家医疗广告

图3-6　拟人型巧克力广告

图3-7　拟人型啤酒广告

图3-8　类推型阿迪达斯运动广告

图3-9　比喻型Olympus 相机广告

比喻型广告创意是指采用比喻的手法，对广告产品或劳务的特征进行描绘或渲染，或用浅显常见的道理对深奥的事理进行说明，以达到帮助受众深入理解，使事物生动具体，给人以鲜明深刻的印象。比喻型的广告创意又分明喻、暗喻和借喻三种形式（图3-9）。

九、夸张型

高尔基曾指出“夸张是创作的基本原则”夸张是在一般中求新奇变化，通过虚构把对象的特点和个性中美的方面进行夸大，赋予人们一种新奇与变化的情趣。通过这种手法能更鲜明地强调或揭示事物的实质，加强作品的艺术效果。

夸张型广告创意是基于客观真实的基础，对商品或劳务的特征进行合情合理的渲染，以达到突出商品或劳务本质与特征的目的。采用夸张型的手法，不仅可以吸引受众的注意，还可以取得较好的艺术效果（图3-10）。

图3-10　夸张型剃须刀广告

十、幽默型

幽默法是指广告作品巧妙地再现喜剧性特征，抓住生活现象中局部性的东西，通过人们的性格、外貌和举止的某些可笑的特征表现出来。采用幽默型广告创意要注意：语言应该是健康的、愉悦的、机智的和含蓄的，切忌使用粗俗的、生厌的、油滑的和尖酸的语言。要以高雅风趣表现广告主题，而不是一般的俏皮话。

幽默的表现手法，往往运用饶有风趣的情节巧妙地安排，把某种需要肯定的事物，无限延伸到漫画的程度，营造一种充满情趣，引人发笑而又耐人寻味的幽默意境。幽默的矛盾冲突可以达到出乎意料，又在情理之中的艺术效果，引起观赏者会心的微笑，以别具一格的方式，发挥艺术感染力的作用（图3-11）。

十一、悬念型

悬念型创意是在表现手法上故弄玄虚，布下疑阵，使人对广告画面乍看不解题意，造成疑惑、紧张、渴望、揣测、担忧、期待、欢乐等一系列的心理状态。在观众的心理上掀起层层波澜，产生夸张的效果，驱动消费者的好奇心和强烈举动，开启积极的思维联想，引起观众进一步探明广告题意的强烈愿望，然后通过广告标题或正文把广告的主题点明出来，使悬念得以解除，给人留下难忘的心理感受（图3-12）。

悬念手法有相当高的艺术价值，它首先能加深矛盾冲突，引起观众的兴趣和注意力，造成一种强烈的感受，产生引人入胜的艺术效果。如图3-12，这是一张X光片，在胃部的位置悬浮着一只钻戒。这只钻戒成为悬念产生的焦点。受众可以通过画面中更细节的信息知道，原来是快餐食品的广告，食品的香味留在手指上，以至于贪吃鬼吸得太忘情，竟然把手上的戒指吸下来吃进胃里。广告画面没有直接表现人在吃食品时的情景，而是呈现出这样一个令人产生疑惑的结果，受众被悬念引导并寻求答案，广告由此达到吸引眼球的预期目的。

十二、意象型

意象即意中之象，它是一些主观的、理智的、带有一定意向的精神状态的凝结物和客观的、真实的、可见的、可感知的感性征象的融合，它是一种渗透了主观情绪、意向和心意的感性形象。意向型广告创意是把人的心境与客观事物有机融合的产物。采用意象型广告创意时，有时花很多的笔墨去反映精神表现，即“象”，而在最后主题的申明上仿佛弱化，受众可以自己理解其内涵，即“意”。意与象二者具有内在的逻辑关系，但是在广告中并不详叙，给受众自己去

图3-11　幽默型麦当劳广告

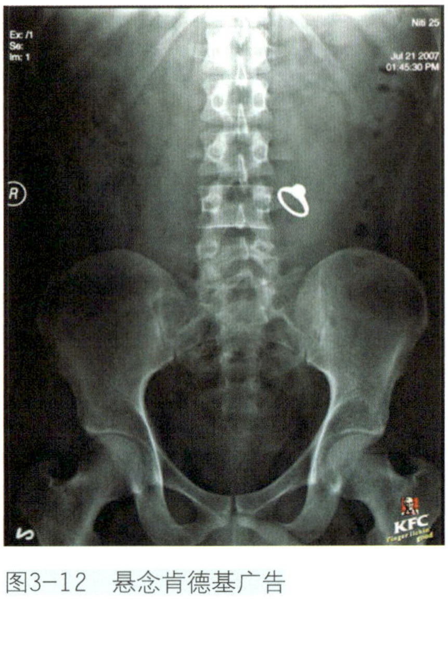

图3-12　悬念肯德基广告

品味“象”而明晓内在的“意”。可见，意象型广告创意实际上采用的是超现实的手法去表现主题（图3–13）。

图3–13　意象型scribe彩色铅笔广告

十三、联想型

联想是指客观事物的不同联系反映在人的大脑里而形成的心理现象的联系，它是由一种事物的经验引起回忆另一种看似不相关联的事物的经验的过程。通过联想，人们在审美对象上看到自己或与自己有关的经验，美感往往显得特别强烈，从而使审美对象与审美者融合为一体，在产生联想过程中引发了美感共鸣，其感情的强度总是激烈的、丰富的（图3–14）。

联想出现的途径多种多样，可以是在时间或空间上接近的事物之间产生联想；在性质上或特点上相反的事物之间产生联想；在形状或内容上相似的事物之间产生联想；在逻辑上有某种因果关系的事物之间产生联想。

十四、抽象型

抽象是与具象相对应的范畴。它是隐含于具体形象内部的质的规定性。在广告创意中采用抽象型的表现方法，是现代广告创意活动中的主要倾向之一。也就是说，在现代广告主题的创意表现上，越来越多的广告主和广告公司并不以广告的具体形象的表现为主调，而在某些时候更多地采用抽象式的内涵来表现。这种创意一旦展示在社会公众面前，从直观上难以使人理解，但一旦加以思维整合之后，就会发现，广告创意的确不同凡响（图3–15）。

图3–14　联想型bulmers果酒广告

值得注意的是，广告创意并不局限于以上所列出的类型。还有如：解说型、宣言型、警示型、质问型、断定型、情感型、理智型、新闻型、写实型等，而且这些创意类型也不能截然分开，有时一则广告会交叉使用好几种创意类型。在进行广告创意活动时，均可根据实际情况进行采用。

图3-15　抽象型广告

— 补充要点 —

广告设计中曲线和直线的对比

曲线很富有柔和感、缓和感;直线则富坚硬感、锐利感，极具男性气概。自然界中，皆由这两者适当混合。平常我们并不注意这种关系，可是，当曲线线或直线强调某形状时，我们便有了深刻的印象，同时也产生相对应的情感。故我们常为加深曲线印象，就以一些直线来强调，也可以说，少量的直线会使曲线更引人注目。

第二节　广告创意手法

如果说广告创意是现成的真理，那么创意手法就是产生广告创意的方法。

创造性思维是广告创意手法的前提和基础，广告创意手法是创造性思维的表现形式，同时也是开发创意的有效手段。创造性思维为产生创意打通了道路，广告创意手法则为创意提供了有效的工具和手段。两者的关系如同钓鱼，想要钓鱼，首先要找到有鱼的水域，还要准备钓鱼的各种工具，如渔竿、渔钩、鱼饵等。创造性思维就如同鱼池，创意手法就如同钓具，两者必须有机地配合起来，才能钓到大鱼，最终获得精彩的创意。

一、头脑风暴法

头脑风暴是指组织一批专家、学者、创意人员和其他人员，召开一种特殊的会议——动脑会议，使与会人员围绕一个明确的会议议题，共同思索，互相启发和激励，填补彼此知识和经验的空隙，从而引发创造性思维的连锁反应，以产生众多的创造性思维。这种方法简易、有效，因而运用十分广泛（图3-16）。

头脑风暴法一般可分为以下三个步骤。

1. 确定议题

动脑会议不是制定广告战略或决策，而是产生具体的广告创意。因此，议题应尽量明确、单一，议题越小越好。比如，设计一句广告口号，构筑一条企业理念等，越是简单具体，越易于产生创意。

会议主持者最好能提前两天将题目通知与会者，以备其预先思考、准备。与会人数以10～12人最为理想，主持者是会议成功的关键人物，他应具备幽默风趣，能够控制全局，为与会者创造一个轻松又充满竞争的氛围。

2. 脑力激荡

脑力激荡是整个智力激励法的核心，也是产生创造性思维的阶段。激荡时间一般在半小时至一小时之间。在脑力激荡时，必须遵循以下四条基本原则。

（1）自由畅想原则。要求与会者大胆敞开思维，排除一切障碍，无所顾虑地胡思乱想、异想天开，想法越新越奇越好。

（2）延迟批评原则。这是极关键的一条原则，即动脑会议期间不允许提出任何怀疑和反驳意见，无论是在心理上，还是在语言上都不能批判否定自己，当然更不能批判否定别人。违反了延迟批评原则，自由畅想便失去了保证。

（3）结合改善原则。即鼓励在别人的构想上衍生新的构想。只有这样，才可能引发群体思维的链式反应，产生激励效果。

（4）以量生质原则。没有数量就没有质量，构想越多，获得好构想的可能性就越高。因此，构想不论好坏，一律认真记录下来，最好当时就记录在黑板上。

3. 筛选评估

动脑会议上的设想虽然很多，但可能质量并不很高：有的想法平淡，具有雷同性；有的荒诞离奇，不具有可行性。这时就需要对创意进行筛选。比如，可以按科学性、实用性、可行性和经济效益等多个指标来综合评价，分门别类，去粗取精，最后选出一两个相对好的方案。此时，绝妙的创意就基本完成了。如果创意还不太完善或者不太理想，可进行第二次智力激荡，直到满意为止，一般隔两三天再激荡一次效果较好。

头脑风暴法虽然具有时间短、见效快的优点，但也有很多的局限性。比如，广告创意受到与会者知识、经验、创造性思维能力等方面的制约；一些颇具创造力且喜欢沉思的人在会议上难以发挥优势；严禁批评的原则会给构想的筛选和评估带来一定困难；等等。为此，人们又对此法进行了改进，提出了头脑风暴法的两种变形：默写式头脑风暴法和卡片式头脑风暴法。

二、默写式头脑风暴法

默写式头脑风暴法是一种脑力激荡法，以“默

（a）

（b）

（c）

（d）

图3-16 头脑风暴广告创意

写”代替“发言”。因规定每次会议由6人参加，要求每人每次提出3个设想，以5分钟为时间单元，故而又叫“635法”。

举行“635法”会议时，先由主持人宣布议题（广告创意目标），解答疑问，然后发给每人几张“设想卡片”，每张卡片上标有“1、2、3”字样的号码，号码之间留有较大的空白，以便其他人能补充填写新的设想。

在第一个5分钟里，每人针对议题填写3个设想，然后把卡片付给右邻，在下一个5分钟里，每一个人可以从别人所填的3个设想中得到启发，再填上3个设想。这样经过半小时可传递6次，产生108个设想。这种方法的优点是它不会出现因争着发言而压抑灵感，遗漏设想的情况，缺点是缺乏激烈的氛围（图3-17）。

三、检核表法

为了有效地把握创意的目标和方向，促进创造性思考，头脑风暴法的创始人奥斯本于1964年又提出了检核表法。

所谓检核表法，就是用一张一览表对需要解决的问题一条一条地进行核计，从各个角度诱发多种创造性设想。检核表法简单易行，通用性强，并且包含了多种创造技法，因而有“创造技法之母”的称呼。

检核表法通常从以下9个方面进行检核。

1. 转化法［图3-18（a）］

这件东西能不能做其他的用途？或者稍微改变一下，是否还有其他的用途？

2. 适应法［图3-18（b）］

有别的东西像这件东西吗？是否可以从这个东西想出其他的东西？

3. 改变法

改变原来的形状、颜色、气味、形式等，会产生什么结果，还有其他的改变方法吗？这一条是开发新产品、新款式的重要途径。比如：服装行业在款式、面料、颜色、制作方法等方面花样翻新；饼干在味道、颜色上进行改变，可以开发出苏打饼干、夹心饼干、辣味饼干、怪味饼干、奶油味饼干等多种产品［图3-18（c）］。

4. 放大法

放大包括尺寸的扩大、时间的延长、附件的添加、分量的增加、强度的提高、杂质的加添等。例如：电冰箱从单门到双门，甚至三门等。

5. 缩小法

把一件东西变小、浓缩、袖珍化，或是放低、变短、省略会有什么结果呢？这能使人产生许多想象。

6. 代替法

有没有东西可以代替这件东西？有其他成分、其他材料、其他过程或其他方法可以代替吗？例如，人造宝石可以代替真宝石，视觉上相差无几，但价格相差上百倍，从而产生了人造宝石项链、人造宝石戒指

（a）

（b）

图3-17　优秀广告创意

等，物美价廉。

7. 重组法

零件互换、部件互换、因果互换、程序互换会产生什么结果呢？例如，在时装创新上，把“口袋”装在袖子上、把围巾系在腰上等。

8. 颠倒法

正反互换怎样？反过来怎样？互换位置怎样？例如，火箭是探空用的，有人颠倒过去，发明了探地火箭，它可以钻入很深的地下，探索地球深处的奥秘［图3-18（d）］。

四、卡片式头脑风暴法

1. 会前准备阶段

明确会议主题，确定3～8人参加，每人发50张卡片，桌上另放一些卡片备用，会议时间大约一小时。

2. 独奏阶段

会议最初的5分钟由与会者各自在卡片上填写设想，一卡一个设想。

3. 共振阶段

与会者依次宣读设想（一人只宣读一张），宣读后，其他人可提出质询，也可将启发后的新设想填入卡片。

4. 商讨阶段

最后的20分钟让与会者相互交流和探讨各自提出的设想，从中再诱发新的设想。

此法的优点是与会者准备充分，允许质询、提问，有利于相互启发和激励。

五、组合法

组合法是将原来的旧元素进行巧妙结合、重组或

（a）

（b）

（c）

（d）

图3-18　检核表法广告创意

配置以获得具有统一整体功能的创造成果的创意方法。在广告创作领域，“旧元素、新组合”的创意理念更是深入人心，无处不在。

创造学家认为，组合是创造性思维的本质特征，世界上一切东西都可能存在着某种关联性。通过巧妙的组合，便可以产生无穷的创意。

组合法主要有以下四种类型。

1. 立体附加

这种组合就是在产品原有的特性中补充或增加新的内容［图3–19（a）］。

2. 异类组合

两种或两种以上的不同类型的思想或概念的组合，以及不同的物质产品的组合，都属于异类组合。例如，手表和项链、日历和收音机等。

异类组合的特点是组合对象（思想或物品）原来互不相干，也无主次关系，参与组合时，双方从意义、原则、功能等某一方面或多方面互相渗透，整体变化显著［图3–19（b）］。

3. 同物组合

同物组合即若干相同事物的组合，如“母子灯”、“双拉锁”等。同物组合的特点：组合对象是两个以上的同一事物。组合后其基本原理和结构没有发生根本性变化，但产生的新功能、出现的新意义，则是事物单独存在时所没有的。

4. 重新组合

重新组合简称重组，即在事物的不同层次上分解原来的组合，然后以新的意图重新组合。组合的特点是：在一件事物上进行，组合过程中会增加新的东西，主要是改变了事物各组成部分间的相互关系。

六、联想法

联想法是由甲事物想到乙事物的心理过程，具体来说，就是借助想象，将相似的、相连的、相对的、相关的或者某一点上有相通之处的事物，选取其沟通点进行联结的方法。联想是广告创意中的黏合剂，它把两个看起来是毫不相干的事物联系在一起，从而产生新的构想。

联想法是一种“有意而为之”的创造技法。一般来说，联想表现为以下几种情形。

1. 接近联想

特定时间和空间上的接近而形成的联想。比如，由傍晚联想到下班，由鸡舍联想到农田等（图3–20）。

2. 类似联想

在性质和内容上相似的事物容易使人产生联想。比如，由记者联想到公关人员，由汽车联想到火车。类似联想可以化抽象为具象，使人们更清楚地把握事物的特征（图3–21）。

3. 对比联想

在性质上或特点上相反的事物容易使人产生联想。比如：由黑想到白；由水想到火；由自私想到宽容；由燥热想到清凉。许多冰箱广告、饮料广告、洗涤用品、化妆品广告都是采用对比联想展开创意（图3–22）。

（a）　（b）

图3–19　组合法广告创意

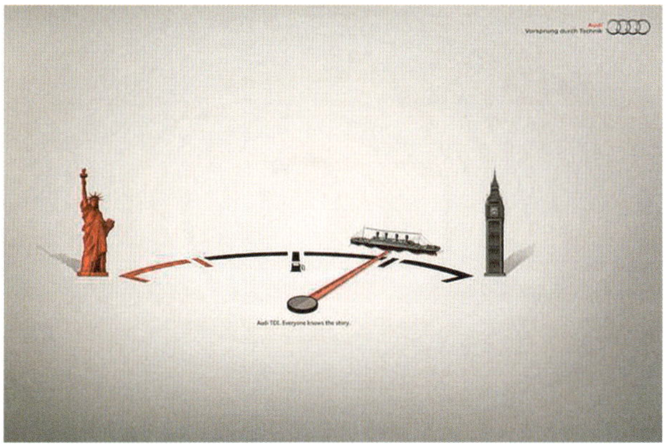

图3-20　奥迪接近联想广告

图3-21　类似联想型广告

图3-22　对比联想型广告

图3-23　因果联想型广告

图3-24　虚实联想型广告

4. 因果联想

在逻辑上有因果关系的事物容易使人产生联想。比如，从成功联想到能干，从畅销联想到质量好、功能全。这是广告创意中最常采用的一种方法。日本创造学家高桥浩说过，联想是打开沉睡在头脑深处记忆的最简便和最适宜的钥匙。通过联想，可以发现无生命物体的象征意义，可以寻到抽象概念的具象体现，从而使信息具有更强的刺激性和冲击性（图3-23）。

5. 虚实联想

就是把抽象的述说与具体的描写结合起来，或者是把眼前现实生活的描写与回忆、想象结合起来（图3-24）。

— 补充要点 —

广告设计中质感的对比

在一般人的日常生活中，也许很少听到质感这句话，但是在美术方面，质感却是很重要的造型要素。譬如松弛感、平滑感、湿润感等，皆是形容质感。故质感不仅只表现出情感，而且与这种情感融为一体。我们观察画家的作品等，常会注意其色彩与图面的构成，其实，质感才是决定作品风格的主要因素，虽然色彩或对象物会改变，可是，作为基础的质感，是与一位画家之本质有着密切的关系，是不易变更的。若是外行人就容易疏忽这一点，其实，这才是最重要的基础要素，也是对情感最强烈的影响力。

第三节　广告创意训练

一、广告创意的程序

对于广告的创意训练方法不能一概而论，要因人而异，但是程序是必不可少的（表3–1）。

表3–1　广告创意的程序

程序序号	阶段名称	方法
1	收集资料阶段	对生活中的所有事物都感到有兴趣，广泛了解各个学科的知识内容
2	分析资料阶段	对相关资料进行分析，寻找资料之间的联系，找出广告的主要诉求点
3	酝酿组合阶段	发挥创造力，通过对资料的分析、综合、整理和理解，努力发展一个有效的创意根基
4	产生创意阶段	对头脑中零碎、不完善的各种想法进行深入酝酿与推敲，形成相对完整的创意
5	评价决定阶段	对形成的创意进行评价、补充、修改，最终形成完善的广告创意

二、放射性思维训练

1. 放射性思维的概念

放射性思维来自“放射”这个词，意思是“向各个方向传播或移动”，由一个中心概念出发，向四周放射出几十、几百、几千、几万种联想。这些联想涉及进入人大脑的每一个信息、每一种感觉、记忆或思想，甚至包括每一个词汇、数字、代码、食物、香味、线条、色彩、图像、节拍、音符、纹路、肌理等，将每一种可能的联想用图形表达出来，就出现了围绕中心概念的多个表达。放射性思维可以导致“一意多形”，是广告创意中最基础的思维方式。

2. 思维导图

思维导图，又称为心智图，是表达放射性思维的有效的图形思维工具，它简单却又极其有效，是一种革命性的思维工具。思维导图是放射性思维的自然表达，是一种非常有效的图形技术，是打开思路、挖掘潜能的钥匙。

思维导图有如下几个基本特征：

（1）注意的焦点清晰地集中在中心词或中央图形上；

（2）主题的主干分出分支，从中央图形向四周放射；

（3）分支由一个关键的图形或关键词（卫星词）构成，相关的话题也以分支形式表现出来，附在更细的分支上；

（4）用文字搭架，闪光点加入图形，图文互补，尽量准确地捕捉联想闪光点（图3–25）。

3. 放射性思维训练步骤

（1）第一步：喷射式联想

确定中心概念后，快速地在这个词四周的引线上写出前数个联想到的单个关键词，不能停下来选词，要把进入脑海第一个词写下来，这一点很重要，不要管这些词是否很荒诞，这往往是打破旧的限制习惯的关键，要创造充分的“自由联想”的环境和过程。

（2）第二步：深入联想

在写下的数个词当中的任何一个词中找到进一步的联想，把这个词作为卫星词，再做放射性联想。按照它的放射的本质，每个加到思维导图上的关键词或图形都可以自成一体地产生无穷多的联想的可能性，依此而下，接连不断。常见的“联想”有逻辑联想（因果、对比等）和形象联想。

（3）第三步：寻找关联

深入联想之后先暂停，仔细看所生成的众多想法，找出与众不同的新元素或令自己激动的亮点；在不同的枝节上，可能找到一定的联系，善于发现并将它们结合起来，可用不同颜色的笔标示出来。

（4）第四步：提出方案，画草图

把有价值的想法提出来，结合、围绕要解决完成的题目做进一步联想、完善，提出创意方案，完成草图设计。最后要注意两个原则：一是开发新元素原则，开发那些没被使用或没引起注意的元素；二是减法原则，即用最少的元素、最简洁的方式表达创意（图3-26）。

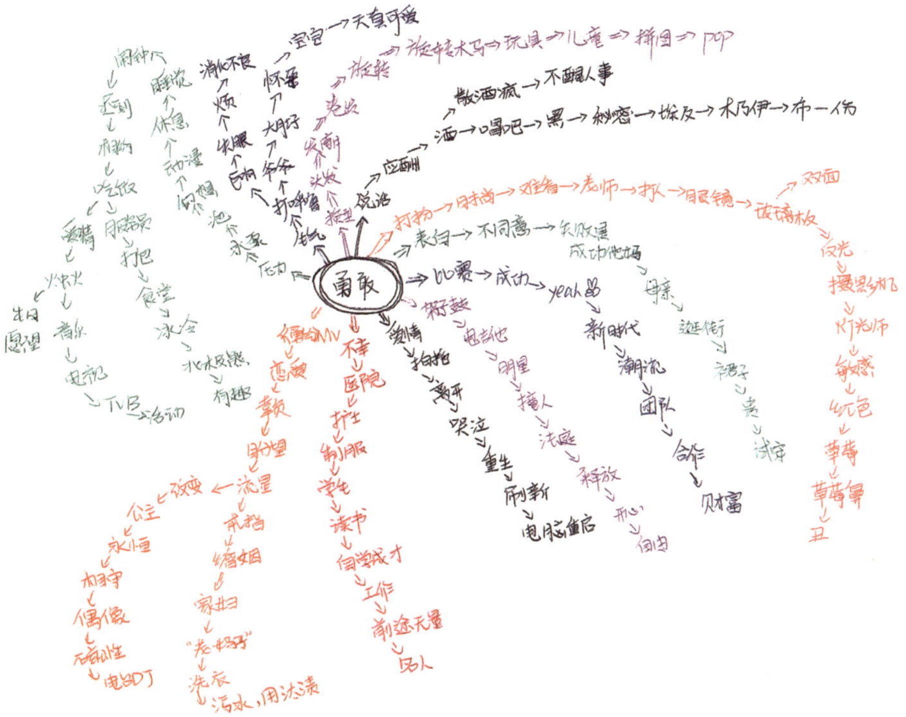

图3-25 “勇敢”思维导图

图3-26 “神秘”思维导图

– 补充要点 –

广告设计中形态的意象

一般的编排形式，皆以四角形为标准形，其他的各种形式都属于变形。四角皆成直角，给人很规律，表情少的感觉，其他的变形则呈现形形色色的表情。譬如成为锐角的三角形有锐利、鲜明感;近于圆形的形状，有温和、柔弱之感。相同的曲线，也有不同的表情，用规规矩矩和用仪器画出来的圆，有硬质感，可是徒手画出来的圆就有柔和的圆形曲线之美。

课后练习

1. 如何理解广告创意的关联性?
2. 解释抽象思维方式。
3. 举例说明意向型广告创意方式。
4. 如何在广告中创造戏剧化情节? 举例说明。
5. 头脑风暴法有哪些优势和劣势?
6. 什么是广告创意的联想法? 举例说明。
7. 以“红砖”为例，解释如何进行放射性思维?

4

第四章

不同媒介的广告创意

学习难度：★★★★★

重点概念：网络广告、电视广告、手机广告

PPT课件，请在计算机里阅读

章节导读

网络、电视、手机是现代生活必不可少的集中媒介，而作为信息传播的主要手段，如何将广告创意与各个媒介结合起来，也是我们需要学习的重点。通过本章的学习，能充分了解现阶段网络、电视、手机广告的基本概况，中间还有一些实际案例能促使更好的理解广告在不同媒介的作用（图4-1）。

图4-1　影视卡通广告

第一节　网络广告创意

一、网络广告的概述

1. 网络广告定义

网络广告就是在网络平台上投放的广告。网络广告是利用网站上的广告横幅、文本链接、多媒体的方法，在互联网刊登或发布广告，通过网络传递到互联网用户的一种高科技广告运作方式。

与传统的四大传播媒体（报纸、杂志、电视、广播）广告及备受垂青的户外广告相比，网络广告具有得天独厚的优势，是实施现代营销媒体战略的重要一部分。Internet是一个全新的广告媒体，速度最快、效果很理想，是中小企业扩展壮大的很好途径，对于广泛开展国际业务的公司更是如此。

迄今为止，还没有人对网络广告下过明确的定义，不过顾名思义，大家一般将在互联网上发布、传播的广告称为网络广告。网络广告是因特网问世以来广告业务在计算机领域的新拓展。随着互联网的飞速发展，每个人与网络接触的机会越来越多，互联网已经成为继电视、广播、报纸、杂志四大传统媒体之后的第五大媒体。它的覆盖面是如此的广阔，可以说在互联网中打广告意味着充满无穷无尽的商业机会。

网络广告既然有着如此大的魅力，就更应该设法了解它、掌握它，从而利用它来创造更多的财富。

作为广告主和最终的广告客户，可能会对一些网络广告术语感到困惑，下面对网络广告相关的名词进行一下解释（图4-2）。

（1）Ad Views（广告收看）。网上广告所在页面被用户浏览的次数，一般以时间为单位计算。

（2）Banner（旗帜广告）。横幅图像广告，通常位于页面醒目处。色彩艳丽，常伴有动画效果，易给人留下深刻的印象。

（3）Click Throughs（点击次数）。网上广告被访问者点击浏览的次数。

（4）Click-through Rate（点击率）。网上广告

被点进的次数与被下载的次数之比。

（5）Cost Per Action（每行动成本）。广告主为规避广告费用风险，只有在广告引起销售行为后，才按销售笔数付给广告站点（比一般广告价格更高的费用）。

（6）Hit（点击）。从一个网页提取信息点的数量。网页上的每十个图标，链接点都产生Hit，所以一篇网页的一次被访问由于所含图标数量、浏览器设置的不同，可以产生多次Hits。因此，以一段时间内有多少Hits来比较网站访问（点击）流量是不准确的（图4–3）。

（7）Impression（印象）。同于Page View，指用户要求的网页的每一次更新显示，就是一次印象。

（8）Log File（访问流量统计文件）。由服务器产生的记录所有用户访问信息的文件。

（9）Unique Users（单独用户）。指在单位时间内访问某一站点的所有不同用户的数量。一般由访问的客户机确认，因此，通过一个服务器来的不同访问者都被认为是一个单独用户。

（10）User Sessions（访问量）。一个单独用户访问一个站点的全过程，即称为一个User Session；在一定时间内所有的User Session的总和称为访问量。

（11）Visit（访问）。用户点击进入一个网站，然后进行的一系列点击。由于网络数据以“数据包”的方式传送，而不是持续链接。当用户在超过系统规定的时间没有再次点击，则下一次点击将被认为是另一次访问。

2. 网络广告的背景

广告从它诞生的那天起，因其强调传播力的特性，就注定要把自己的命运与新科学技术连接起来。互联网在美国问世之后，理所当然地引起嗅觉敏锐的广告人的注意（图4–4）。目前，网络广告越来越多，也越来越精彩，网络广告媒体的成长速度远远超过了传统广告媒体。

3. 网络广告的特点

（1）网络广告的要素。网络广告是广告的一种，也蕴涵了广告的五大要素。

①广告主。发布网络广告的企业、单位或个人。

图4–2　网络购物广告

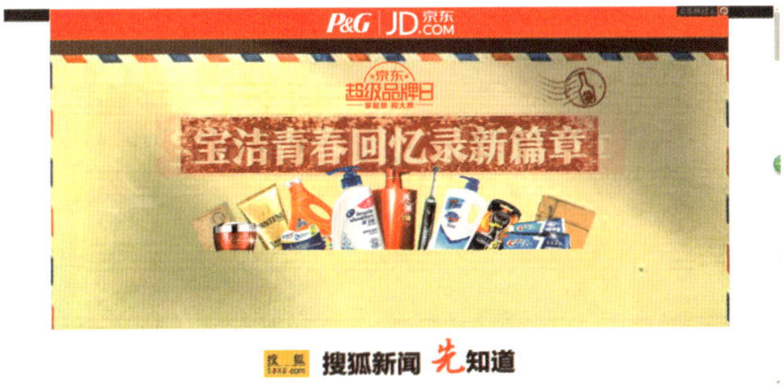

图4–3　网页广告

图4–4　网页弹出式广告

任何人都可以在广告法规法律许可的范围内，自行上网或通过他人在网上发布各类广告。

②广告费用。上网发布广告所需的资金投入。

③广告媒体。网络广告的媒体，就是网络，这即指互联网（Internet），又指万维网（World Wide Web）。这是一个利用网络方便高效地进行数据交换的系统，由Web服务器和Web浏览器构成，为网络用户提供彩色的多媒体界面。商业单位利用Web站点，可以在全世界范围内提供24小时在线服务。网络广告多是在网络上发布，一个又一个的网络页面，就是网络广告的载体。

④广告受众。它是网络广告指向的广告对象，或称网络广告的接受者。所有的网上活动的人，就是网络广告的广告对象，在世界范围内，网民人数迅猛增长，迄今全球网民已达6亿人，并以每月10%以上的速度递增。即以目前状况论，网络广告的受众已经是相当大的一个群体了。在这个意义上，网络完全称得上是大众传媒。有人已将其列在电视、报纸、电台、杂志后面，路牌前面，称为第五大媒体。

⑤广告信息。指网络广告的具体内容，即网络广告所传达的具体的产品或劳务信息。它可能是很多文字，也可能只是一句话或一个网幅（banner）、一个图标（button）。

上述五大要素，是网络广告的必备条件。网络广告是一种崭新的广告形式，有其鲜明的自身特点，也有其无限的利用价值（图4-5）。

（2）网络广告的特点。在互联网得到广泛应用之前，人们普遍接触的是电视、广播、报纸、杂志这四大媒体，这四大传统媒体的不足之处在于只能单向交流，强制性地发布广告信息，受众不能及时、准确地得到或反馈信息，只能被动接受。与此相反，网络广告因含有更多的技术成分，其特点如下：

①传播范围广。网络广告的传播不受时间和空间的限制，它通过国际互联网把广告信息24小时不间断地传播到世界各地。只要具备上网条件，任何人，在任何地点都可以阅读。这种效果是传统媒体无法达到的。

②交互性强。交互性是互联网络媒体的最大的优势，它不同于传统媒体的信息单向传播，而是信息互动传播，用户可以获取他们认为有用的信息，厂商也可以随时得到宝贵的用户反馈信息。

③针对性强。根据分析结果显示，网络广告的受众是年轻、有活力、受教育程度高、购买力强的群体，网络广告可以帮广告主直接命中最有可能的潜在用户。

④传播效果易于控制。利用传统媒体做广告，很难准确地知道有多少人接收到广告信息，而在互联网上可通过权威公正的访客流量统计系统，精确统计出每个广告被多少个用户看过，以及这些用户查阅的时间分布和地域分布，从而有助于客商正确评估广告效果，审定广告投放策略，使广告主在激烈的商战中把握先机。

⑤实时、灵活、成本低。在传统媒体上做广告发布后很难更改，即使可改动往往也须付出很大的经济代价。而在互联网上做广告能按照需要及时变更广告内容。这样，经营决策的变化也能及时实施和推广。

⑥强烈的感官性。网络广告的载体基本上是多媒体、超文本格式文件，图、文、声、像并茂。可以使受众对某一感兴趣的产品了解更为详细，使消费者能亲身体验产品、服务与品牌。这种以图、文、声、像的形式，传送多感官的信息，让顾客如身临其境般感受商品或服务，并能在网上预订、交易与结算，将大大增强网络广告的实效。

网络广告的核心优势在于“互动”和“散播力”，较之传统媒体而言，网络媒体的特点在于其全能性及在打造品牌和行销方面的力量。同时，作为一种及时互动的广告媒体，它的营销效果也是可以测试的。与传统的电台、电视、报纸等广告形式相比，网络广告的优势表现见表4-1。

图4-5　网页滚动式广告

表4-1　网络广告与常规媒体对比表

媒体类型	时效性	互动性	更新速度	成本	选择性	传播范围
网络	无时差	高	随时	低	自主	全世界
广播	无时差	中	延迟	中	被动	区域
电视	无时差	中	延迟	高	被动	区域
平面媒体	延迟	低	延迟	中	被动	区域

网络广告媒体具备先进的多媒体技术，拥有灵活多样的广告投放形式。目前全球网络广告的形式主要是以横幅式广告（Banner）出现。横幅式广告也叫“旗帜广告”，最常用的广告尺寸是486×60（或80）像素（Pixels），以GIF、JPG等格式建立图像文件，定位在网页中，大多用来表现广告内容，同时还可使用Java等语言使其产生交互性。

除此以外，还有按钮式广告（Button），定位在网页中，尺寸较小，表现手法较简单；邮件列表广告（Direct Marketing），又名“直邮广告”，利用网站电子刊物服务中的电子邮件列表，将广告加在每天读者所订阅的刊物中发放给相应的邮箱所属人。墙纸式广告（Wallpaper），把广告主所要表现的广告内容体现在墙纸上，并安排放在具有墙纸内容的网站上，以供感兴趣的人进行下载。赞助式广告（ Sponsorship），广告主可对自己所感兴趣的网站内容或网站节目进行赞助。电子邮件式广告（E-mail），广告形式以Banner 为主，广告体现在拥有免费电子邮件服务的网站上，广告会出现在个人邮箱的主页上。插页式广告（InterstitialAds），又名“弹跳广告”，广告主选择自己喜欢的网站或栏目，在该网站或栏目出现之前插入一个新窗口显示广告。互动游戏式广告（ Interactive Games），在一段页面游戏开始、中间、结束的时候，广告都可随时出现，并且可以根据广告主的产品要求为之量身定做一个属于自己产品的互动游戏广告。

二、网络广告的运行

1. 网络广告的收费模式和收入情况

（1）网络广告的收费模式。目前国际通用的广告收费模式是CPM（千人印象成本费）和CPC（千次成本计算单位）。

①CPM（Cost Per Thousand impressions）。以广告图形被播映1000次为基准的网络广告收费模式。例如广告主购买20个CPM ，意味着所投放的广告可以被播映20000次。媒体提供商比较偏爱这种计费模式。

②CPTM广告 (Cost Per Targeted Thousand impressions) 。经过定位的用户的千次印象费用（如根据人口统计信息定位）（图4–6）。

（2）网络广告收入情况

根据国际上最为权威的Internet网络广告机构的调查统计，近几年全球网络广告的收入情况有大幅增长。

网络广告的收入为什么增长如此迅速呢？其原因是多方面的，比如广告主的广告预算份额的增加；网络媒体受众数量的大幅度增大；站点的信息内容更加丰富；娱乐内容不断丰富；传统媒体对网络广告的大力宣传；网络国际品牌的出现，都对网络广告起了巨

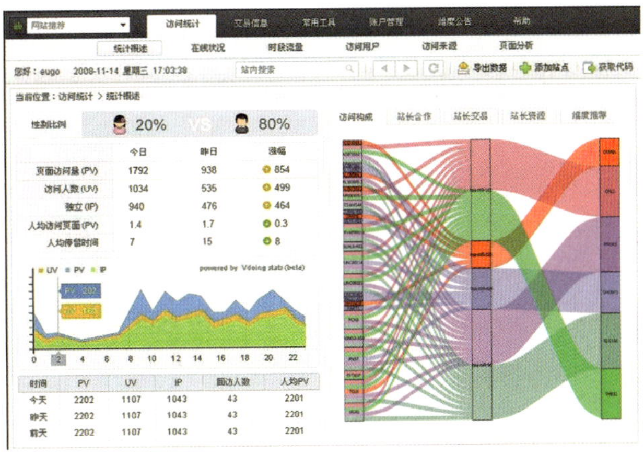

图4-6　CPTM广告流量统计

大的推动作用。许多国家和政府对网上交易也采取了十分积极的态度。

2. 网络广告的广告方式

目前来说，网上广告的发布方式有多种，但是比较广泛应用的有以下几种。

（1）在别人的网站发布广告。这是目前最有效、最重要的网络广告方式。如果访问Sina、Baidu、Alibaba、Yahoo等站点，一定会发现上面有很多醒目、生动的Banner图形或文字广告，这是广告主借助这些知名网站投放的广告。这些媒体的特点是网站的访问率很高，日访问量一般在几万到几十万之间。这正是广告主所看好的（图4-7）。

（2）建立自己的网站。建立自己的网站也是一种常见的网络产生方式。现在全球网站总计已经超过1亿个。如果一些知名度较低的小公司希望通过这种广告方式生存下去，它也很可能会被限制在某一企业形象网面的领域。因为根据目前的网络媒体动作实践来看，如果一种媒体只能提供广告而不能提供其他正常信息的话，恐怕不会有太多的访问者。即使是企业的形象网页，也要求网站上能提供一些非广告信息。总之，网页广告的载体必须能给访问者带来其他利益（图4-8）。

（3）电子邮件广告。广告主可以建立自己的客户电子邮件列表或者购买别人的邮件组广告，向这个邮件群组定期发送广告信息。采用此种方式做广告，切记不要引起受众的反感，以免起相反的作用。

（4）网上调查。主要包括专项调查与合作调查。

①专项调查。如网上有很多网上调查、有奖问答等。

②合作调查。由广告主和媒体合作，调查题目也各出一半。

3. 网络广告的发布

现在网络广告的收入增长很快，竞争激烈。访问量就意味着一切，在网络上可以一分钱不花而大做特做广告，下面介绍一些广告发布技巧。

（1）在各搜索引擎登记（图4-9）

（2）积极利用互换链接和页眉广告的机会。你放一个广告在他站点上，他放一个广告在你的站点上，大家两全其美，这样既符合礼尚往来的传统美德，也符合市场经济的公平交易、互利互惠的原则。但是需要注意的是，要确保对方站点的访问者会对你的站点内容感兴趣，并尽量选择那些访问人数比你的站点多的网址作为链接交换的对象。

（3）加入广告交换网。想有更多的人来访问你的网页，加入一些好的广告交换网也是重要的途径之

图4-7　网络banner广告

图4-8　淘宝网中商家广告

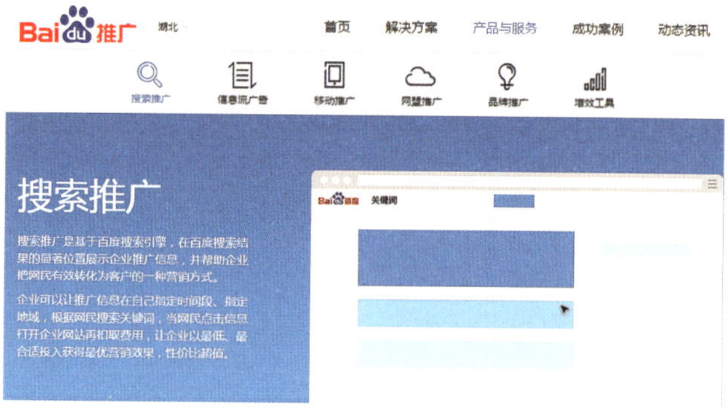

图4-9　搜索引擎推广

一。就是拥有自己主页的用户，都可以加入某个交换网络，你向该交换网的管理员申请一个号，提交一幅介绍你自己主页的图片，该交换网给你一段超文本语言代码，你把该段代码加入到你的主页中，这样每当有人访问你的主页，在你的主页上就会显示一个别人的广告图片，同时你得到0.5分或1分，根据该交换网的显示交换比率，你的广告图片就会在该交换网的另一用户的主页上显示1次或0.5次。当然，如果你的广告图片做得很好，吸引访问者的注意力，引起对你主页内容的兴趣，他就可以通过点击广告图片访问你的主页。

由于网络速度的限制，一般的广告交换网都是规定广告图片的大小的，所以在它规定的文件大小的字节数内制作好你的广告图片是很重要的。而一般来说，你的击中率有10%以上就不错了，不必抱太大的希望。当然，通过这种方式，你的网页还是可以提高一定的访问量的。

（4）利用Banner 来宣传你的网站。Banner是充分利用网页制作中超文本链接功能而形成的，由于标志广告本身就含有经过浓缩的广告语句，同时又配以精美的图形，很能吸引人，所以只要受众看它一眼，哪怕是短短的几秒钟，就已经产生广告作用了，而点击它则是广告行为得以成功完成的标志。此外，一些基本的方法也不要丢，例如在你的电子邮件签名、公司信纸、信封、名片等处印上网址等。当然，如果你的站点还没有正常运转时，最好不要大张旗鼓地宣传，访问者一看这个站点那么糟，可能以后就不再光顾了（图4-10）。

4. 网络广告的效果检验

广告在网站上进行投放后，并不意味着就可以万事大吉了，还要对广告的效果进行监测，根据监测结果来判断是否达到了预期效果，以便寻找未来的改进方向（图4-11）。可以通过以下三种方式检测广告效果。

（1）通过服务器的访问统计软件随时进行监测，目前有一些软件专门用于广告分析，可以生成详细的报表。广告主可以随时了解在什么时间，有多少人访问过载有广告的页面，有多少人通过广告直接进入到广告主自己的网址等。

（2）通过查看客户反馈量。如查看Form的提交量和E-mail在广告投放后是否有大量增加来测定广告效果。

（3）通过广告评估机构。监测网络广告效果还是一个全新的领域，目前美国IAB和一些Web评级机构希望能够充当权威检测人的角色。我国迄今为止，还没有专门的广告评估机构。网络广告监测机构正处于雏形发展阶段，民间很快会相继出现一些组织或机构。

5. 网络广告发展中存在的问题

目前，靠广告支持互联网站点是互联网经营的模式之一，然而缺乏对广告效果的衡量标准，阻碍了Web广告的发展。标准的缺乏体现在下面四个方面。

（1）靠广告盈利的商业互联网站点，还没有测量访问量的准则。

（2）消费者对广告的反应也没有标准的衡量方法。

（3）没有最佳的媒体计费模式。

（4）互联网作为媒体的复杂性，也阻止了标准化的进程。

对于提供空间作业者刊登广告的网站而言，其主要功能是将信息传递给消费者，这是符合“媒体”特点的，因此也适用于消费者保护法中关于不实广告的规定，对于网络广告中一些法律问题我们也应予以重视。

当前，网络还处于初级阶段，在成长中有些问题需要改进和完善是在所难免的。无论如何，网络是一个很有潜力的广告媒体，它所具有的交互性、经济性等特性对其他媒体造成的冲击是有目共睹的，它所创造的增长奇迹也是有据可查的，经营网络广告业务不仅是有挑战性的工作，风险与机遇共存，它的回报也将会是高额的。

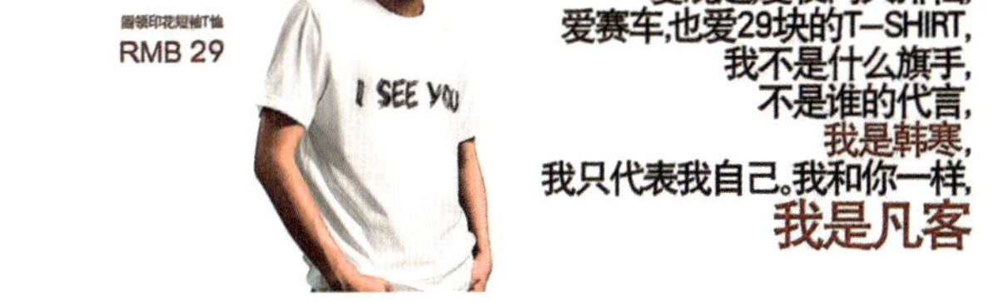

图4-10　优秀网络广告

（a）

（b）

图4-11　服务网站的广告

三、网络广告文案写作

1. 网络广告文案写作的发展

随着互联网时代的到来，互联网广告自然而然地应运而生。互联网广告具有传统媒介无法达到的许多特点，例如广告一经发布就可以传播到世界各地，网民可以一天24小时随意浏览，同时还可以链接到其他相关网页上，以提供更多的信息等。

互联网广告基本上通过视觉传达，在文案写作上与印刷广告文案相类似。但它又具有影视广告视觉传达的连续性、实践性、动画性等特征，以及自身通过点击、链接来实现的交互性、灵活性、实时性等特点。当然互联网广告业有一定的局限性，例如形式缺乏美感、画面单调、面积较小、可供选择的广告位置不多，从而难以表现复杂、生动的广告内容，广告的艺术效果不佳，不易产生视觉的冲击力和感染力等。因此广告文案也有相应的写作要求。

互联网广告信息有两个特殊的传达形式。一是语言文字在视觉传达过程中是可变动的，不仅大小形体、上下位置可变，而且在时间快慢和字体各类上也可以进行变化，这对文案写作提供了充分发挥的天地，也提出了更高的要求；二是广告信息的传达需层层递进，每一层面相互联系成为一个整体，如何吸引网民不断点击，层层深入，是文案写作时的一个难点（图4-12）。

网络中的网民大多为知识层次较高，从事信息活动的人群，其生活方式、价值观、消费观及其需求具有一致性；现有的Web技术使得特定的网络图标广告可以按网民的居住地点、行业、操作系统类型等来进行选择性投放，所以网络广告具有定向性选择。交互性是网络广告媒体超越传统广告媒体的特征，使得网络广告具有双向交流的可能。

我们可以采用访问的广告标题来增加点击率，可以采用诱导性、号召性语言与形式，使访问者产生兴趣并令他们产生互动行为。

2. 网络广告文案的写作要求

（1）简洁精练的语言构成。因为大多数的站点都限制广告的长度，目前网上可供选择的广告位有限，再者受众的在线阅读很难保持长时间的耐性。

（2）针对不同的广告站点选择不同的语言和表现形式。广告站点有国际性的与地方性的区别。不同国籍的访问者对广告文案的表现形式也有不同文化背景下的各自偏好。

（3）加强文案与图形之间的密切配合。由于动画技术的介入，许多网络广告都采用了动画形式。如果广告文案中要表现产品的特征，可用突出的字体、语言配音以及动态的图像。

（4）利用网络热点进行信息诉求。网络热点使网民的访问率上升，并成为他们的特殊话题，从而达到广而告之的效果。

图4-12　聚美优品网络文案

– 补充要点 –

H5广告是什么?

H5是html5的一个中国人发明的爱称，原因在于html5本身已经是简写，再去掉三个字母，就是为了好念，国际上目前还没这个说法。Html全称为Hyper text markup language，中文直译为“超级文本标记语言”而那个5对应的是它的重大修改次数，5就是第五次修改，第五代更新。

第二节　电视广告创意

一、电视广告概述

1. 电视广告的定义

电视广告是信息高度集中、高度浓缩的节目。电视广告兼有报纸、广播和电影的视听特色，以声、像、色兼备，听、视、读并举，生动活泼的特点成为最现代化，也最引人注目的广告形式。电视广告发展速度极快，并具有惊人的发展潜力。

2. 电视广告的优势

（1）传播功能全、穿透力强。电视是集声、光、色于一身且动态（演示）的媒介，吸引力强，观众对于电视广告是处于“强制性”传播，因此具有很强穿透力。由于电视广告附于电视这个情感型媒介之中，电视的接触度带动电视广告接触度。因此观众对电视广告接触度也高于其他媒介，达94%（其他媒介接触度为：报纸47%，杂志24%，广播23%）。

（2）演示生动，诉求力强。电视广告是连续活动的影像，它可以通过演示各种技巧，从视觉、听觉上完美表现广告主题和突出诉求重点。通过影像演示可以使观众身临其境，理解并接受广告。

（3）观众面广，深入每个家庭。随着电视机普及，观看电视成为人们文化生活中的重要组成。电视广告也随之进入家庭，随时出现在节目中，广告影响大，效果明显。

（4）整合广告活动中的“龙头作用”。由于电视广告的优势，广告一经电视传播，易于带动其他媒介的广告认知，弥补其他媒介的不足。

3. 电视广告的表现形式

电视广告与广播媒体一样，也是瞬时媒体，受众对电视广告所持的是“爱理不理，可有可无”的态度，要使电视广告成为面对面的销售方式，就要在创意方面加以努力，以独特的技巧和富有吸引力的手法传达广告讯息。

（1）故事式。用讲故事形式来表达商品与受众的关系，使受众产生共鸣。

（2）时间式。用纪录片或叙事手法，向受众交代时代进展与商品的关系。

（3）印证式。用知名人士或普通人士来印证商品的用途及好处，以达到有口皆碑的效果，但广告的技巧必须高明，否则受众会怀疑其可信度及真实性。

（4）示范式。用比较或示范的手法，表现出商品过人之处或独特的优点。

（5）比喻式。用浅显易懂，人所共知的比喻，引出广告商品的主题。

（6）幽默式。用幽默风趣的语言或手法，含蓄地宣传商品的特征，使受众在轻松愉快的气氛中领会与接受广告信息。

（7）悬念式。用悬念手法提高受众的注意力及好奇心，然后带出商品。

（8）解决问题式。将一个难题夸张，然后将商品介绍出来，提供解决难题的答案。

（9）名人推荐式。用知名人士来介绍推荐商品，利用他们的聚焦力和号召力，来影响目标受众的态度，刺激购买欲。

（10）特殊效果式。在音响、画面、镜头等方面加上特殊效果，营造气氛，使受众在视觉方面产生新刺激，留下难忘的印象。

二、电视广告的应用

1. 电视广告的特点

（1）特点。视听兼备、普及率高；更直接、更具有强制性；再现商品；易与收视者建立亲密感情。

（2）优点。普及率高、深入家庭。

（3）不足。时间受限；制作烦琐；费用高；不能详细解释和保存。

2. 电视广告的程序

（1）创意。创意是广告内容的总体思路，它是靠艺术来传达广告信息的某种方式。优秀的创意具有原创性，同时又与宣传对象有关联性，它能引起观众的兴趣，产生视觉、听觉及心理的冲击，形成记忆，并最终促使消费行为发生。

（2）制作。一条电视广告，在创意通过后，就进入了执行阶段，也就是制作阶段。它是组织相关人员，使用相关技术设备，将创意加以实施并进行再创造，并最终形成符合标准的磁介质或其他介质的过程。

（3）发布。当电视广告制作完成后，客户就可以将母带交给发布单位进行最后发布了。发布单位可以是电视台、代理的广告公司、随片广告代理商或其他媒体出版发行单位。为了最大限度地发挥电视广告的宣传价值，需要根据产品的销售特点和目标消费群的收视取向，对发布的媒体单位、时段、持续时间、频率、发布方式等进行有针对性的选择。对于较大数量的发布业务，为对发布单位进行有效监督，可以委托专门的广告监播单位进行监播。为了了解电视广告的宣传效果，可委托专门的调查机构进行抽样调查。

三、电视广告的发布

1. 电视广告的类型

电视广告结构的形式体现了广告的整体创意，在选择电视广告片型时，注意结构形式要符合广告创意的要求，符合广告产品的诉求点，以及广告的主题思想是否对产品的宣传有利，能否使观众接受。

（1）新闻报道型。这类型的广告片是运用新闻报道的形式，以纪实手法把有新闻价值的商品信息记录下来，通过电视进行广告宣传的一种方式。

（2）示范证明型。主要通过名人、专家和产品使用者去说明和验证广告产品的功能和优点，产品能给消费者带来什么好处。示范证明型分为引证式和名人推荐式。

（3）悬念问答型。是由一个疑问者提出问题，再由一个相信者回答问题的广告。

（4）生活片段情感型。把人们在日常生活中对某种商品谈论和评价的事实，通过电视技术把其中一部分加以艺术加工再现于电视屏幕中现实写照的一种广告制作手法。

（5）气氛型。是通过一个特定的场所、特定的事物来营造生活和人的情感氛围。

2. 电视广告的发布形式

发布形式是电视台为客户提供播放广告的一种宣传方式，亦是电视台广告经营项目和内容。它的目的是为了使客户更好地选择自己广告播出的时间，从而达到良好的广告效果。电视广告发布的主要形式有如下几点。

（1）特约播映广告。指电视台为广告客户提供的特定广告播出时间，客户通过订购这类广告时间，把自己产品广告在指定电视节目的前、后或节目中间播出的一种广告宣传方式。

（2）普通广告。指电视台在每天播出时间里划定的几个时间段，供客户播放广告的一种广告宣传方式。

（3）经济信息。是电视广告的一种宣传方式，是电视台专门为工商企业设置的广告时间段，是专门为客户宣传产品的推广、产品鉴定、产品质量咨询、产品联展联销活动，以及为企业和其他单位开业等方面做宣传服务的。

（4）直销广告。指电视台为客户专门设置的广告时间段。利用这个时间段专门为某一个厂家或企业，向广大观众介绍自己生产或销售的产品和商品。

（5）文字广告。只是在电视屏幕上打出文字并配上声音的一种最简单的广告播排方式。

（6）公益广告。是一种免费的广告，主要是由电视台根据各个时期的中心任务，制作播出一些具有宣扬社会公德、树立良好社会风尚的广告片。

3. 电视广告的局限性

（1）制作复杂、费用大。电视广告需要导演、演员、摄影、灯光、道具、服装、作曲、演奏、播音、音响等诸多方面配合，经摄制、剪辑、合成等技术处理，制作费用大、周期长。播放时还须支付较高的播放费，因此费用昂贵。

（2）瞬间即逝，不易记忆。电视是时间媒介，每条电视广告仅30秒，由于时间短，画面连续出现，瞬间即逝，不易记忆。

（3）独立性较差、传播干扰大。电视广告一般均集中在节目前后集中播放，相互干扰大。电视频道多，选择性强，也影响电视广告收视率。同时由于接收的条件及电视覆盖面受电视天线、发射功率影响，广告覆盖面也受其影响。

（4）广告承载面相对狭窄。一些与一般大众消费无关的产品广告如生产资料等，观众反应淡漠，效果较差。

四、电视广告的文案

电视广告文案的表现载体分口头言语和文字两种，它综合了平面广告和广播广告两大分支媒体的各自特征。在电视广告中，有一部分的广告文案人物用口头言语形式进行表现，一般有人物独白、人物之间进行对话、旁白解说等几种，如果采用广告歌曲形式，就用它唱出广告文案。还有一部分广告文案是采用字幕的形式出现的。

1. 电视广告文案的特殊性

电视广告文案是广告文案在电视广告中的特殊形式，是以画面语言和声音为表现手段的广告传播形式。

电视广告主要由以下两部分要素构成：视觉部分（包括屏幕画面和字幕）和听觉部分（包括有声语言、音乐和音响）。

电视广告的各种构成要素有：素材、主题、艺术形式、表现手段以及解说词等，这些都是广告创意的重要组成部分，这一切都必须首先通过电视广告脚本的写作体现出来，从而使电视广告文案显示出有别于其他广告文案的特殊性。电视广告文案的特点在于直观生动、感染力强，但它也存在着费用过高、不可存留、可选择性较差等缺点。

电视广告文案的主要形式来源是文学写作，没有相当文学修养和艺术素养，是很难进行电视广告方案创作的。电视广告文案从构思到创作不同于一般印刷广告文案写作和广播广告文案写作，电视广告文案本身是无法独立存在的，必须与其他表现手段相结合并相互配合使用，才能发挥电视广告传播的最大优势。如果过于强调电视广告文案的独立性，则会造成文案与画面脱离，从而会破坏广告效果，所以，电视广告文案的创作者应该充分认识到广告文案独立性的特点，写作时一定要围绕与画面等因素的融合来进行构思。

电视广告文案的非独立性决定了广告内容的非完整性。电视广告的传播性与广播广告文案大致相同，即通过声音传播，以口耳相传的方式进行交流，因此文案之间的区别无法在听的过程中清楚地辨别，往往会融为一体，而且电视广告的时间很短。目前，电视广告片的各种常规时段有5秒、10秒、15秒、30秒、60秒等。我们在选择电视广告文案的表现形式时，不仅要依据广告策略、广告信息内容、广告目标受众等情况，而且还要与时段的选择产生对应。

2. 电视广告文案的写作要求

电视广告所独具的蒙太奇思维和影视语言，决定了电视广告文案（脚本）的写作既要遵循广告方案写作的一般规律，又必须掌握电视广告脚本创作的特殊规律。具体要求如下。

（1）电视广告文案的写作，必须首先分析研究相关资料，明确广告定位，确定广告主题。在主题的统帅下，构思广告形象，确定表现形式和技巧。

（2）按镜头段落为序，运用语言方案描绘出一个个广告画面，必须时时考虑时间的限制。因为电视广告是以秒为计算单位的，每个画面的叙述都要有时间概念。镜头不能太多，必须在有限的时间内，传播出所要传达的内容。

（3）电视广告是以视觉形象为主，通过视听结合来传播信息内容的，因此，电视广告文案的写作必须做到声音与画面的和谐，即广告解说词与电视画面的“声画对位”。

（4）电视广告文案的写作，应充分运用感性诉求方式，调动受众的参与意识，引导受众产生正面的“连带效应”。为达到此目的，脚本必须写得生动、形象，以情感人，具有艺术感染力。这是电视广告成功的基础和关键。

（5）写好电视广告解说语。它的构思与设计，将决定电视广告的成败。广告解说语的种类包括画外音解说、人物独白、人物之间的对话、歌曲和字幕等。

五、成功电视广告赏析

下面我们就来看一些比较成功的电视广告。

图4-13是奔驰AMG的广告，一反往常，奔驰在2015年做了一个很炫酷的动作“自黑”。这种品牌肯放下身段进行自我调侃的态度对于中国市场来说，是一个很大的进步。为何说奔驰这次是主动“黑”自己呢，因为他们这次拍了一支“失败”的广告。一辆AMG GT 因为跑得太快，灵活地躲避开摄影师的镜头，于是，这支广告没法儿拍了！

奔驰此次用嘲讽的语气拍摄了一支广告大片，不是风景大片，不是发动机的咆哮，不是开车带着一家老小出去旅行，而是用一种打趣的方式展示的 AMG 的速度。也许，一支失败的广告更可以体现出它的速度。

图4-14是乔丹的运动广告，广告片采取了倒叙手法，从绝杀一幕逐帧闪回到比赛开始之前的时刻。故事没有过多渲染赢得比赛后的庆祝画面，没有炫酷的扣篮，有的是教练细心的部署、球员的汗水、坚定的眼神和渴望胜利的决心。

而从广告的旁白也揭示出，决定比赛胜负的关键，不仅是绝杀或者技巧，不仅是观众喝彩或者教练指导，也不光靠拼劲或者训练，而更重要的在于踏入球场前那个“胜由我定”的态度。

图4-15是方太油烟机的广告，方太的这一广告走了观众最喜欢的大反转路线，本以为是洗发水广告到结局最后突然反向。反正大家永远喜欢惊喜，所以方太用反转式结局给了观众们会心一击。

图4-13　奔驰AMG电视广告

图4-14　乔丹电视广告

图4-15　方太油烟机电视广告

- 补充要点 -

第一个电视广告

史上第一个电视广告是在1941年7月1日晚间2点29分播出的，由宝路华钟表公司（Bulova Watch Company）以9美元（约人民币71元）的价格，向纽约市的全国广播公司（NBC）旗下的“WNBC”电视台购买棒球赛播出前的10秒钟时段。当时的电视广告内容十分简单，仅是一块宝路华的手表显示在一幅美国地图前面，并搭配了公司的口号旁白：“美国以宝路华的时间运行！”

第三节　手机广告创意

一、手机广告概述

1. 手机广告的发展

手机广告是信息高度集中、高度浓缩的节目。手机广告兼有报纸、广播和电影的视听特色，以声、像、色兼备，听、视、读并举，生动活泼的特点，成为最现代化，也最引人注目的广告形式。手机广告发展速度极快，并具有惊人的发展潜力。

目前，随着我国手机用户普及率非常高，手机作为一种新型媒体的应用价值也日益凸显。手机媒体拥有其他媒体无法比拟的优势，例如覆盖人群最广、传播成本比较低廉、可以最方便地把人们的零碎时间利用起来，并且能够极为快捷地传播信息。随着4G时代的来临，各种多媒体形式也将充分体现在手机上，这将给广告主更大的发挥空间（图4-16）。

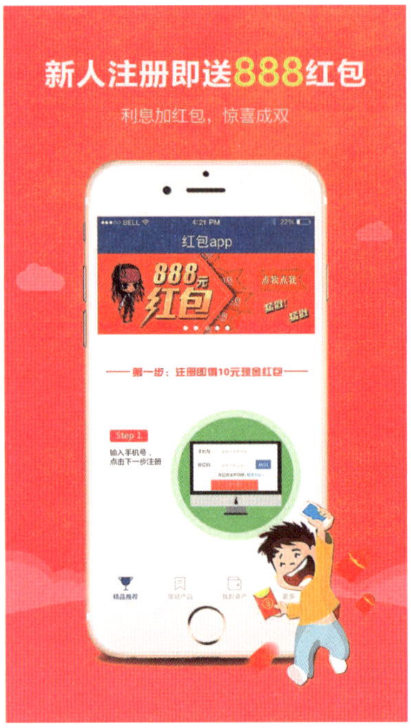

（a）

（b）

图4-16 手机程序广告

2. 手机广告的形式

目前的手机广告主要是短信息（SMS/MMS）广告和无线互联网（Mobile Web）广告两种。

（1）短信息（SMS/MMS）广告。短信息广告在用户到达率上太过强大，对这种高侵入性（intrusive）的广告形式过度使用必然惹人生厌，常常听到做手机营销产业的同事自己也抱怨收到太多的垃圾短信。要解决这个问题，最重要的就是要让广告内容和用户相关起来。首先是许可营销，即不向用户发送未经许可的广告信息；其次是精确定位，即要获得手机用户的个人资料和偏好，以发送用户感兴趣的信息。但是如何在保护用户隐私和精确定位之间取得平衡会是个难题。拥有细分和接受许可营销的手机用户数据库，将是短信或彩信广告领域内最珍贵的资源。其次，移动互联网的特色在移动，即能够根据用户的手机IP地址识别用户所在的地区，并显示相应的广告，提高针对性。而定位到最后一公里的小区短信广告可谓更加精准，但在操作手法尤其需要小心。许多的商超百货类客户对此类推广尤其感兴趣。

（2）无线互联网（Mobile Web）广告。如果只是局限于把传统互联网的广告模式搬到手机互联网上，那将大大限制我们的想象力。与坐在椅子上用电脑上网不同的是，手机上网时往往是处在时间间隙和移动的状态中，用户比使用传统的桌面网络时更加缺乏耐心。而因为使用键盘的不便，也更迫切地需要便捷地找到信息。手机网络广告即应该针对用户的使用习惯做设计。对于WAP广告，或别的形式的手机网站广告来说，一个大问题是手机屏幕太小，广告位过于稀缺，像传统互联网一样大卖广告是不可能的。要解决这个问题，手机网站广告应该是发展动态广告位，即在页面的下方加入类似于某些新闻网站的滚动新闻模式（跑马灯）的广告，以此来放入多条广告信息。而究竟是对什么用户显示哪条广告则需要在广告管理后台做出定位匹配。

— 补充要点 —

手机视频广告与手机程序广告

1. 手机视频广告

随着4G（甚至广播模式的手机电视）的到来，担心的就是用户对手机视频广告的忍受度有多高。也就是说，手机视频广告必须在商业化和用户体验中取得平衡。目前普遍接受的观念是互联网视频长度大多在几分钟左右，很明显传统的30秒TVC对于一两分钟的手机视频来说过长了，限制在15秒以内比较合适。而且手机短视频广告只能是采用片前广告的形式，因为片后广告毫无疑问会有高比率的用户停止播放。对于可以插播多段广告的手机电视节目来说，到底多长时间的广告、内容比是用户能够接受的还是个未知数。

2. 手机程序广告

随着智能手机的兴起，手机程序，主要包括手机游戏和软件的广告潜力也开始显现出来。这一块可以采取广告支持的免费游戏/软件供使用者下载的模式。游戏不必多说，一直是杀手级应用。而软件典型的有手机版的城市生活指南软件。

同样，切入手机程序广告市场的方式也有二类，一类是提供开放或半开放的平台，如第三方广告智能投放管理与监测平台，类似互联网的Doubleclick之类。此类平台服务商一端联系着各类手机程序，包括手机网游客户端，手机RSS订阅客户端，手机阅读客户端等，可展现的空间则包括启动程序的画面，任何联网load的延迟等，一头则联系着广告主或媒介购买商。这个平台必然要提供一套业界基本认可的广告评测标准来平衡两头之间的冲突。另外一类更倾向于单独发展一款无论从占有率还是用户黏度都足够强的产品。更进一步则可为广告客户量身定做营销软件，如开发广告小游戏，这只是最初级的阶段。

二、手机广告的运营

1. 手机广告的形式

（1）横幅广告。是最普遍的移动广告形式，一般在APP界面的顶部或底部出现，有静态图、GIF图、文字链，也有多帧图片滚动的动画图（图4-17）。

图4-17 手机横幅广告

（2）公告。在电商类或社区类APP的首页，公告样式的广告位特别多，图4–18是京东商城APP首页截图，那个京东快报就是公告，有时也称小喇叭。广告信息不断滚动播放。

（3）插屏。插屏广告在游戏类或视频类APP较为常见。插屏广告也分静态图和GIF图，一般都是精准广告推广形式，视觉冲击力更强，广告效果更好。广告效果与用户体验一般成负相关，插屏广告比banner的广告效果好、收益更高，但比较影响用户体验（图4–19）。

（4）全屏。全屏广告几乎每家APP都用过。当用户打开APP时，以全屏方式出现3秒左右（一般可跳过），可以是静态图片，也可以是多帧的动画，也可以是Flash效果（图4–20）。

（5）富媒体广告。富媒体是相对于图片类而言的，因为它具有动画、声音、视频或交互式信息传播方式。一句话概述：富媒体是一种信息传播方式，富媒体广告是指以这种传播方式来表现的广告形式。

（6）移动视频广告。在移动视频平台，常见的广告形式主要是两种：贴片和角标。贴片广告是指，如果是非会员，一般在视频开始之前都会看到一小段精准推送的短视频广告。允许观看几秒后跳过贴片广告是种很聪明的选择，观众不喜欢看还强迫看，用户体验差，对广告主也没有收益。不如允许用户跳过，并且通过标记跳过时间点来判断这个用户对哪类广告更感兴趣，进而做到更精准的广告推送（图4–21）。角标广告以透明的样式出现在视频播放窗口旁边的广告形式，一般有动态效果，以便能在观看过程引起用户的注意。角标是允许用户关闭的。

（7）信息流广告。信息流广告，常常在timeline上和正常的信息混在一起，不容易被识别，用户不知不觉中将广告阅读完了。常见在社交类APP，例如朋

图4–18　手机公告广告

图4–19　手机插屏广告

图4–20　手机视频广告

友圈、微博、Instagram，还有资讯类APP，例如今日头条、网易新闻等（图4-22）。

2. 与传统广告比较

还有研究者则着重在手机媒体与传统媒体之间的广告互动上进行了一些探讨，认为无论从技术上还是政策上来看，手机媒体成为新广告媒介具有一定的可能性，并分析了手机媒体与传统媒体广告之间的互动形式和广告互动中存在的不足。

对于手机电视的发展趋势，有学者却认为，尽管新技术的狂热崇拜者及追随者们，坚信手机电视是新技术催生下的又一颗金蛋，但手机电视受到受众心理、内容和媒介繁荣的制约，因此“手机电视是辅助媒介的主流想象”，“技术的指挥棒为人类指向的下一站，有可能是‘技术的高地’，也有可能是‘技术的漩涡’”。

现在也许还没有人认为手机报纸的用户会赶上或超过报纸网络版或印刷版的读者数量。但是，手机报纸确实是用一种21世纪的方式向渴望看到新闻又行色匆匆的公众提供了一种快乐阅读的享受（图4-23）。

图4-21　手机移动视频广告

图4-22　手机信息流广告

（a）

（b）

图4-23　手机广告

– 补充要点 –

手机广告语创作需要注意风格

主要从目标受众的群体特征出发，去为这一类人群进行创作。比如针对年轻女孩去痘痘的广告语。即刻下斑，无须痘留。这就很好的用这一类人群的语气去表达了一个去痘痘效果极好的广告。在语气上也符合这一类人群的特征，又有着轻松幽默的风格。

课后练习

1. 简述电视广告的特点。
2. 电视广告的发布形式有哪些?
3. 手机广告市场未来前景如何?
4. 以一电视广告为例，说明电视广告的性质和文案的特点。
5. 举一例网络广告，谈谈它的文案写作特点。
6. 将几个手机广告进行对比，说出它们的优缺点。

5

第五章

广告策划概论

学习难度：★★★☆☆

重点概念：广告策划概念、策划分类、策划方法

PPT课件，请在计算机里阅读

章节导读

广告策划是通过周密的市场调查和系统的分析，利用已经掌握的知识（情报或资料）和手段，科学地、合理地、有效地布局营销，广告战略与活动进程，并预先推知和判断市场态势和消费群体定势的需求，以及未知状况的结果。策划的概念有五个要素：策划者、策划依据、策划方法、策划对象、策划效果。广告策划是现代商品经济的必然产物，是广告活动科学化、规范化的标志之一（图5–1）。

图5–1　创意广告策划

第一节　广告策划的概念与作用

一、广告策划的产生和分类

随着生产力的极大发展，社会生产关系也发生了深刻变化。策划活动日益深层化、多样化、复杂化，竞争不再是策划的全部意义所在，社会上渐渐形成了有活动就有策划的局面，如产品策划、促销策划、公关策划、体育赛事策划、CI（Corporate Image，组织识别）策划等。

现代意义上的策划观念源自公共关系领域，公共关系学专家爱德华·伯奈斯在《策划同意》一书中提出。他首先提出并且运用了这一概念，使“策划”思想在公关领域迅速普及。

随着经济的发展和策划实践的不断进行，策划也被广泛运用到各个领域，商业策划成为策划界的主导，并被企业广为运用。公关策划、广告策划、CI策划、促销策划等各种策划方式不断出现并取得发展。到20世纪50年代后期，企业对策划思想的运用也到了高潮。

在策划活动日益多样化的同时，策划活动本身的组织形式和手段也产生了质的飞跃。随着科技的突飞猛进，在复杂的社会生产关系和知识信息不断膨胀的背景下，策划作为个人智慧的表现已经远远不够，它越来越多地表现为一种群体活动。

二、现代广告策划

广告是商品经济的产物，也是社会发展到一定阶段的产物。当人们的劳动产品大于自己的需求时，便需要通过某种方式与他人进行物品的等价交换，以获得自己所需要的产品或者一般等价物，于是广告便应运而生。原始的广告承载着最简单的“广而告之”的目的，无论是古埃及印在芦苇纤维上的悬赏寻找走失奴隶的传单，还是中国古代飘荡在酒馆外面的幌子和落地招牌，都很好地实现了广告“广而告之”的基本

（a）　　（b）

图5-2　古代广告

功能（图5-2）。随着商品经济的不断发展，广告开始越来越多地受到策划观念的影响。尤其是20世纪以来，现代广告的发展里程就充分印证了策划不断被融入广告的事实。

1. 广告策划的概念与含义

“策划”这个词，古今中外有着很多不同的含义。《辞源》把策划解释为筹谋、计划；《辞海》中则认为策划是指人们事先的筹谋活动，就是思维主体运用知识和能力，进行思考运筹的过程。

随着策划活动不断发展，趋向多元化，导致策划含义也更加多元。策划有时只是单纯指实施某一件事时独特的想法或特殊的构想，有时指的是达成某一可实现成果的实施计划。如果给策划下个定义，可以如此说：策划是为达到一定目标，在调查、分析有关材料的基础上，遵循一定的程序，对未来某项工作或事件事先进行系统全面的构思、谋划、制订和选择合理可行的执行方案，并根据目标要求和环境变化对方案进行修改、调整的一种创造性的社会活动过程。

广告策划，就是根据广告主的营销计划和广告目标，在市场调查的基础上，制订出一个与市场情况、产品状况、消费者群体相适应的经济有效的广告计划方案并实施、检验，而为广告主的整体经营提供良好服务的活动。

广告策划一般有两种形式：一种是单独性的，即为一个或几个单一性的广告进行策划；另一种是系统性的，即为规模较大的、一连串的、为达到同一目标所做的各种不同的广告组合而进行的策划。单个广告策划，可以使个别的广告活动或设计增强说服力，提高广告效果。但要想从总体上实现企业的促销目标，使企业以其产品、劳务在市场中占据应有位置，只有个别的广告策划就显得不够了，必须有一个系统、全面、周密的广告策划——整体广告策划。广告策划要服从企业整体营销目标，只有站在企业整体经营的高度，从整体广告活动出发，对其进行全面、系统的规划和部署，才能有效地达到广告预期目的（图5-3）。

图5-3　公益广告策划

通过如上诠释，可以总结出广告策划包含的核心要素。

（1）广告主的营销策略是广告策划的根本依据。广告是营销组合的重要因素，直接为广告主的市场营销服务，因此广告策划不能脱离广告主的营销策略的指导。

（2）广告策划有特定的程序。这种程序应该是科学规范的，以保证广告策划不是漫无目的的凭空设想和缺乏章法的随心所欲。

（3）广告策略应该提出广告运动（活动）的总体战略。停留在具体行动计划层次上的“广告计划”并不是广告策划。

（4）广告策划以市场调查为依据和开端。虽然广告主的营销策略已经为广告策划提供了依据，但是它仅仅来自广告主的单方面，还不足以显示由消费者、产品和竞争对手所构成的市场的全貌（图5-4）。

（5）广告的诉求策略、定位策略、表现策略和媒介策略是广告策划的核心内容。它们必须脱离平庸、与众不同，但又要具备产生实际广告效果的素质。

（6）广告策划的结果以广告策划文本的方式呈现。

（7）广告效果的测定方法应该在广告策划中预先设定。

（8）进行广告策划的目的是追求广告进程的合理化和广告效果的最大化。进程的合理化，就是广告运动（活动）要符合市场的现实情况并且能够适应市场的发展。效果的最大化，就是广告策划要提供能够产生最佳的广告效果的策略和方案。

2. 广告策划的作用

尽管广告策划包括广义的整体广告运动策划和狭义的单项广告活动策划，但在现代广告运动中，广告策划越来越多地被纳入到整个营销体系中进行考量。因此，在对广告策划的作用进行探讨时，不仅要充分考虑其在单项广告中的作用，更需要通盘考量，对其在整体广告运动，甚至在整个营销运动中的作用进行充分、客观的评估。广告策划的作用有以下几点。

（1）广告策划使广告活动目标更加明确。任何一个广告策划方案，都必须有一个明确的目标，各项活动都必须紧紧围绕着这个目标展开，无论是单项广告活动策划或是整体广告运动策划，都能有效地避免广告活动的盲目性。尤其是在市场经济日益发达、竞争日趋激烈的当代中国社会，企业在进行广告运动前必须确立现实可行的目标，并以其指导广告策划的制定和执行，这样才能使广告效果更加明确。

（2）广告策划使广告活动效益更加显著。广告策划包括单项广告活动策划和整体广告运动策划，它衔接了企业的长远利益与短期计划，使短期策划的效果具有前后延续性，使长期整体策划的效果更具生命力。科学客观的广告策划，能够全面通盘地组织广告活动，根据产品所处的不同生命周期采用不同广告策略，能有效地避免广告费用的重复支出和浪费，提高广告的收益，使广告策划对企业起到事半功倍的作用。当然，这种效益的实现也与广告策划有明确的目标密切相关。

（3）广告策划使广告活动更具竞争力。广告策划的基础是市场调查和分析，通过周密的调查与分析，企业能对自身的内外环境和竞争对手情况有科学客观的了解。在知己知彼的基础上采取针对性很强的策

（a）　（b）

图5-4　麦当劳广告

略，扬长避短，使企业处于有利的竞争地位。同样，广告策划后期的效果评估，能客观真实地评价本次策划活动的效果，对下一轮的广告策划起到很好的调节和借鉴作用，转变原来的被动地位。只有具备了这种占优势地位的竞争力，才能使企业和产品在众多竞争品牌中脱颖而出，抢占消费者群体，从而占据相应的市场份额，取得理想的广告效果。

在加多宝和广药集团产生竞争矛盾时，加多宝利用红罐凉茶包装上，标明创始人“王泽邦”字样，让消费者知道他们之间的关系，进而炒作事件本身。同时，加多宝巩固忠实消费者和忠实经销商的力量，制造舆论，赢得支持，在和广药集团打官司的过程中，使更多的民众倾向加多宝这一边（图5-5）。

（4）广告策划能提高广告业的服务水平。我国的广告业起步较晚，改革开放以后才开始起步，真正的发展是在20世纪90年代以后，策划被导入正式广告学领域，改变了原先许多广告公司无序混乱的盲目状态，使这些“摸着石头过河”的本土广告公司开始用科学的广告程序规范自身的广告运作，并用科学的调查数据作为广告运作的基础。这种改变不仅使本土公司的业务水平大大提高，也使这些公司的动作真正与国际广告界接轨，具备与国外公司竞争的可能性。

总而言之，广告策划使广告调查、广告计划、广告制作、广告效果测定等各环节的广告活动成为有机统一的整体，是整体广告运动的核心和灵魂，起着不可缺少的指导和决定作用。对广告主而言，没有有效的广告策划，再大的投入都是事倍功半，无法完美地实现既定目标；对广告策划人员而言，没有经过精心策划的广告，大都是盲目的应付行为，只是一种个人的主观行动。因此，广告策划成了现代广告活动成败的关键。

3. 广告策划的原则

作为科学活动的广告策划，其运作有着自己的客观规律性。进行广告策划，必须遵循以下原则。

（1）统一性原则。要求广告活动的各个方面的内在本质上要步调一致；广告活动的各个方面要服从统一的营销目标和广告目标，服从统一的产品形象和企业形象。没有广告策划的统一性原则，就做不到对广告活动的各个方面的全面规划、统筹兼顾，广告策划也就失去了其存在的意义。

图5-6为Nike经典的广告，耐克通过以just do it为主题的系列广告，和篮球明星乔丹的明星效应，迅速成为体育用品的第一品牌。

（2）灵活性原则。广告策划仅仅有统一性还不够，还必须具有灵活性，具有可调适的余地。以不变应万变是佛教禅宗的经典思想，但这样做不可能让企业在市场活动中游刃有余并占领先机。客观事物的发展与市场环境、产品情况并不是一成不变的，广告策划也不可能一下子面面俱到，总是要进行不断的调整。只强调广告策划的统一性原则，而忽视其灵活性原则，广告策划必然呈现僵死的状态，必然会出现广告与实际情况不一致的现象。

（3）效应性原则。广告策划的结果必须使广告活动产生良好的经济效应和社会效应，要非常经济地支配广告费用，并取得良好的广告效果。广告费用是企业生产成本支出之一，广告策划就是要使企业产出

图5-5　加多宝的广告策略

（a）　　（b）

图5-6　Nike经典广告

（a）　　（b）

图5-7　可口可乐广告

大于投入。广告策划，既要追求社会效益，也要追求经济效益。不顾长远效果，只追求眼前利益，这是十分有害的行为。

图5-7是可口可乐的广告，永远的可口可乐，独一无二好味道是可口可乐的经典广告语。在碳酸饮料市场上可口可乐总是一副舍我其谁的姿态，似乎可乐就是可口。虽然可口可乐的广告语每几年就要换一次，而且也流传下来不少可以算得上经典的主题广告语，但还是这句用的时间最长，最能代表可口可乐的精神内涵。

（4）可操作性原则。广告策划的流程与内容，都有着严格的规定，每一个步骤，每一个环节都应该是可操作的。经过策划，在具体执行广告计划之前，就能按科学的程序对广告效果进行事前测定。广告计划执行以后，若广告活动达到了预期的效果，便是广告策划意图很好的实现。若是没有达到预期的广告效果，可按照广告策划的流程回溯，查出是哪个或哪些环节出了问题。若没有广告策划，广告效果将是盲目的，不是按部就班地实现出来的。

（5）针对性原则。广告策划的流程是相对固定的，但不同的商品、不同的企业，其广告策划的具体内容和广告策划是不同的。虽然许多广告客户不愿意自己的品牌形象只有特定（针对性）的消费群体，他们希望自己的产品最好能面面俱到、满足所有人。一个品牌必须同时满足男性和女性的诉求，必须广受上流社会和市井小民的喜爱，这种贪得无厌的心理使品牌得到一个完全丧失个性的下场，最终欲振乏力。在今天的市场中，一个妄图通吃所有客户的四不像的品

（a）

（b）

图5-8　百事可乐包装广告

牌很难立足，同一企业的同一种产品，在产品发展的不同时期，也要采用不同的广告战略。只要市场情况不同、竞争情况不同、消费者情况不同、产品情况不同、广告目标不同，广告策划就应不同。

图5-8是百事可乐的广告，“新一代的选择”是百事可乐经典的广告语，在与可口可乐的竞争中，百事可乐终于找到突破口，它们从年轻人身上发现市场，把自己定位为新生代的可乐，邀请新生代喜欢的超级歌星作为自己的品牌代言人，终于赢得青年人的青睐。一句广告语明确的传达了品牌的定位，创造了一个市场，这句广告语居功至伟。

以上五个原则是任何广告策划活动都必须遵守的原则，这五个原则不是孤立的，而是相互联系的，它们相辅相成，缺一不可。这些原则不是人为的规定，而是广告活动的本质规律所要求的。社会经济的发展和理论的不断进步，都推动了广告策划的发展。

— 补充要点 —

广告策划内容不得使用不满十周岁的未成年人作代言人。

新广告法实施，其中规定的不得利用不满十周岁的未成年人作为广告代言人一直备受关注。儿童不能做广告了吗?国家工商总局广告司司长表示，此项规定要区分代言人和表演者，未满十周岁的儿童可视情况出镜，可以做广告，但不能做代言人。

第二节　广告策划的类型与方法

一、广告策划的类型

根据不同的划分标准，广告策划可以划分为不同的类型（表5-1）。

表5-1　广告策划的类型分类

类型	划分为	
根据广告策划的规模划分	单项广告活动策划	整体广告运动策划
根据广告策划的目标划分	促销广告策划、活动广告策划、劝服广告策划等	
根据广告策划的对象划分	B2B（business to business）	B2C（business to customer）

1. 根据广告策划的规模划分

（1）单项广告活动策划。是对单个广告活动进行策划。它的活动相比整体广告运动策划而言，更为简单一些。活动的范围，可能是全国，也可能是一个地区甚至某一个经销商；活动时间通常较短，在一年之内，一个月或者几个月；策划所使用的媒体也相对简单，往往是对一种或者几种媒体进行运用，无须太多考虑媒体整合（图5-9）。当然，这种单项广告活动策划，更讲求实效性，要求在策划执行之后，能见到显著的效果。它常是整体广告运动策划的一个部分，必须服从整体广告运动策划的战略，而在执行上和效果上，则有着较强的独立性。

（2）整体广告运动策划。是相对于上文所说的单项广告活动策划而言的，要求对整个广告运动而不只是某一部分，或者某一区域的广告活动进行整体策划。广告运动是指包括从市场调查、产品研究到广告计划的制订，从广告作品的创意与制作，到广告发布的媒体调查、媒体选择与组合，最终到广告效果的调查与测定在内的系统的整体的广告活动，不仅如此，还包括了阶段性的短程广告活动与长程广告活动的概念在内，是一个动态的过程，其每个构成环节都包含着丰富的内容。

广告是广告运动的有机组成部分，任何一个整体广告运动都是由几个或多个单项广告活动构成的，整体广告运动策划也是由数个单项广告活动策划构成的。但是，整体广告运动策划更宏观，它的目标往往是企业或者品牌的长期发展；其广告运动的地域范围更广，运动周期更长；它对媒体组合运用的要求也更高，通常要对两种以上的媒体进行整合运用。同样，整体广告运动策划的效果更为长远，效果评估也更为复杂（图5-10）。

图5-9　广告活动策划

图5-10　室外广告活动

图5-11　对手产品分析

2. 根据广告策划的目标划分

每一个广告策划都有一个具体的目标，无论是策划方案的制作或是执行，都必须紧紧围绕这个目标开展。无论是整体广告运动或是单项广告活动，都可以根据策划目标的不同，重新进行划分。尤其是单项广告活动，活动目标更为直接，因此，它可以根据目标划分为促销广告策划、活动广告策划、劝服广告策划等很多种类。不同的广告策划针对的是不同的目标，因此，在执行策划所需时长、费用和媒体选择等方面也有着显著的不同。

当然，就广告公司而言，它的策划业务包括商业策划、政府形象策划和社会活动策划。我们常听说的CI策划、产品策划、公关策划等都属于策划业务的主要部分——商业策划。政府形象策划和社会活动策划近些年来也越来越得到政府和广告公司的重视，成为政府和企业进行自我形象宣传的重要手段。

二、广告策划的方法

广告策划有着严格的系统性，因此策划过程必须根据明确的步骤进行。广告策划的整个过程是一个严密的系统，各个部分前后相连，不仅要各司其职，更要通力协作，只有这样，才能很好地完成策划方案。

1. 广告策划的阶段

通常来说，一个广告策划由以下几个阶段构成。

（1）分析阶段。市场调查，对营销环境、消费者、产品、企业和竞争对手的分析（图5-11）。

（2）规划阶段。制订广告目标，确定产品定位、广告诉求、广告创意表现、广告媒介、促销等一系列广告策略的研讨和决策，同时制订广告计划，确定费用预算，研讨并确定广告效果预算和监测的方法，撰写并对广告策划书进行修改（图5-12）。

（3）执行阶段。广告表现计划的实施，广告媒体计划的实施，其他活动的具体实施。

（4）控制阶段。广告效果的检测与评估，广告策划的总结。

2. 广告策划的步骤

根据以上这些阶段，整个广告策划过程又可以具

图5-12　产品策划

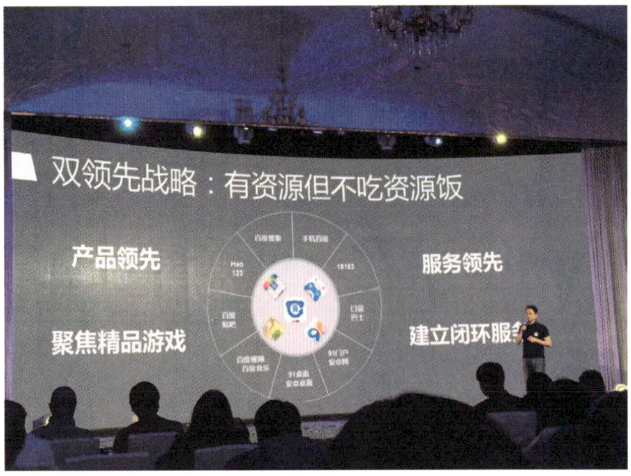

图5-13　制定战略

体细化为以下流程。无论是哪种类型的广告策划，都按这种流程进行。依照这样的流程，可以把广告策划分为组织准备、市场调研、战略规划、制订计划、实施与总结五个步骤。

（1）组织准备。成立广告策划小组。策划小组应由客户主管、策划创意、文稿撰写、设计制作、摄影摄像、市场调查及媒介公关等方面的人员组成。成立策划小组是由集体智慧来完成广告策划工作，是广告策划活动由经验化向规范化、科学化发展的有效途径。策划小组要规定工作任务，安排时间进程。

（2）市场调研。广告调研是广告策划的前提与基础。调查、收集市场信息和相关资料，其中包括品牌及产品调查、品牌形象调查、消费者状况调查、竞争者状况调查等内容。既要详细了解品牌各构成要素的具体内容，又要详细了解产品的外观、结构、功能、原理、材料、技术、质量、价格、制作工艺、使用方法及保管、养护、维修措施等。分析、研究相关资料数据。对调查、收集的全部资料和数据进行归纳、总结、分析、研究，要求能够描述现状，揭示趋势，为下一步制订策略提供参考依据，同时可以召开发布会来推广。

（3）战略规划。战略规划是整个广告的核心与主体。仔细分析前期研究的成果，做出决定性、战略性选择。以策划创意人员为中心，结合相关人员，对广告目标进行分析，根据目标市场策略确定广告的定位策略和诉求策略，进而发展出广告创意和表现策略，根据产品、市场及广告特征提出合理的媒体组合策略、促销组合策略等。这一阶段的规划还涉及广告机会的选择、广告计划的制订，以及有关广告预算和策划报告的写作等（图5-13）。

（4）制订计划。将战略规划用具体系统的形式进行规范，要确定广告动作的时间和空间范围，还要对媒体的选择和运用做出限定，包括用怎样的媒体组合比较合理，广告的频率如何，需要多少经费预算才能支持这样的频率。编制广告策划文本，即策划书。策划书既是策划成果的集中体现，又是策划人员向客户说明并争取广告业务的文本依据，因而必须经过认真修改与审定之后才能完成。与客户进一步沟通，并对策划阐释说明，最后就广告策划方案达成一致意见。

（5）实施与总结。计划的实施与监控，广告策划小组分工合作，按照计划要求，对广告进行创作、设计，进行媒体发布，并对整个过程进行监控和调节。广告策划集谋略与科学程序于一身，一个完整的广告策划周期由数个不同阶段组成，不同阶段策划工作的对象、内容、目标均有所不同。根据这种不同对广告策划运作过程进行把握，有助于抓住中心，突出重点，明确各个阶段不同方面的特殊性，保证策划工作有条不紊地进行。

补充要点

广告创意上的文案使用数据应明确表示

广告创意上的文案使用数据、统计资料、调查结果、文摘、引用语等引证内容的，应当真实、准确，并标明出处。引证内容有适用范围和有效期限的，应当明确表示。

课后练习

1. 什么是策划？应从哪几方面理解策划的含义？
2. 什么是广告策划？一个完整的广告策划包括哪两大要素？
3. 广告策划的特点是什么？
4. 广告策划的作用表现在哪些方面？
5. 广告策划应遵循哪些原则？
6. 广告策划的内容具体包括哪些方面？
7. 如何理解广告策划在整个广告活动中所处的地位？
8. 分析某一则成功广告案例的策划优点。
9. 分析某一则失败广告案例的策划失误。

Ordinary bulbs are killing the environment. Just one simple act on your part can
stop the climate crisis: switch to Compact Fluorescent Lamps. Find out more at www.banthebulb.in
GREENPEACE

6

第六章

广告市场调查与分析

学习难度：★★★☆☆

重点概念：市场调查的方法、营销环境的定义和构成、消费者分析

PPT课件，请在计算机里阅读

章节导读

市场调查与分析为广告策划提供重要的前提及科学的依据。通过本章学习，应明确市场调查与分析对广告策划的重要性，并掌握市场调查与分析的内容与技巧。广告策划中的市场调查与分析是一种技能性很强的广告活动，要根据实际案例进行结合学习（图6–1）。

图6–1　创意广告

第一节　广告市场调查

一、市场调查的发展与主要内容

调查是一切营销活动的基础。只有经过客观科学的市场调查，才能给之后的营销活动提供科学客观的依据。市场调查是人们为解决某项产品的营销问题而有意识地对市场进行具体的了解、认识市场的运行状况和运行机制的过程和工作。当然，对市场调查的重视并非是从策划出现之初就有的，而是在市场营销的不断发展和完善之中逐渐发展并走向成熟的。

在现代市场调查中，学界与业界都变得更加理性，对市场调查的内容也做了具体详细的研究。市场调查的内容分为七类：产品研究、企业研究、消费研究、媒体研究、广告研究、销售和市场研究、民意研究。

二、广告市场调查的目的与要求

广告市场调查的最终目的是促进产品的销售，直接目的是选择广告实施的方案，而具体目的在于从总体上对市场经济的运转现状有一个基本的了解。

首先，从实施的归宿方面考察，市场调查作为一种手段，服从于整个营销战略目的。因此，通过市场调查掌握现有市场经济运转现状，预测市场发展的大体趋向，从而使营销战略与促销策略适合于市场经济发展的现状，选择、确定广告的目标，以避免失去机遇和虚耗投入，并且可以由此发现商品的新用途和市场的新需要。

其次，从广告运动的目标方面来看，作为广告策划与创意的依据，市场调查能从总体上提供各种不同广告决策所依据的信息，促使广告策划主体制订特有的广告目标和计划，包括确定广告对象、广告诉求重点、广告表现手法和广告活动的策略等。总之，市场调查的结果就是要适时推出有利于促销成功的广告策划和创意。

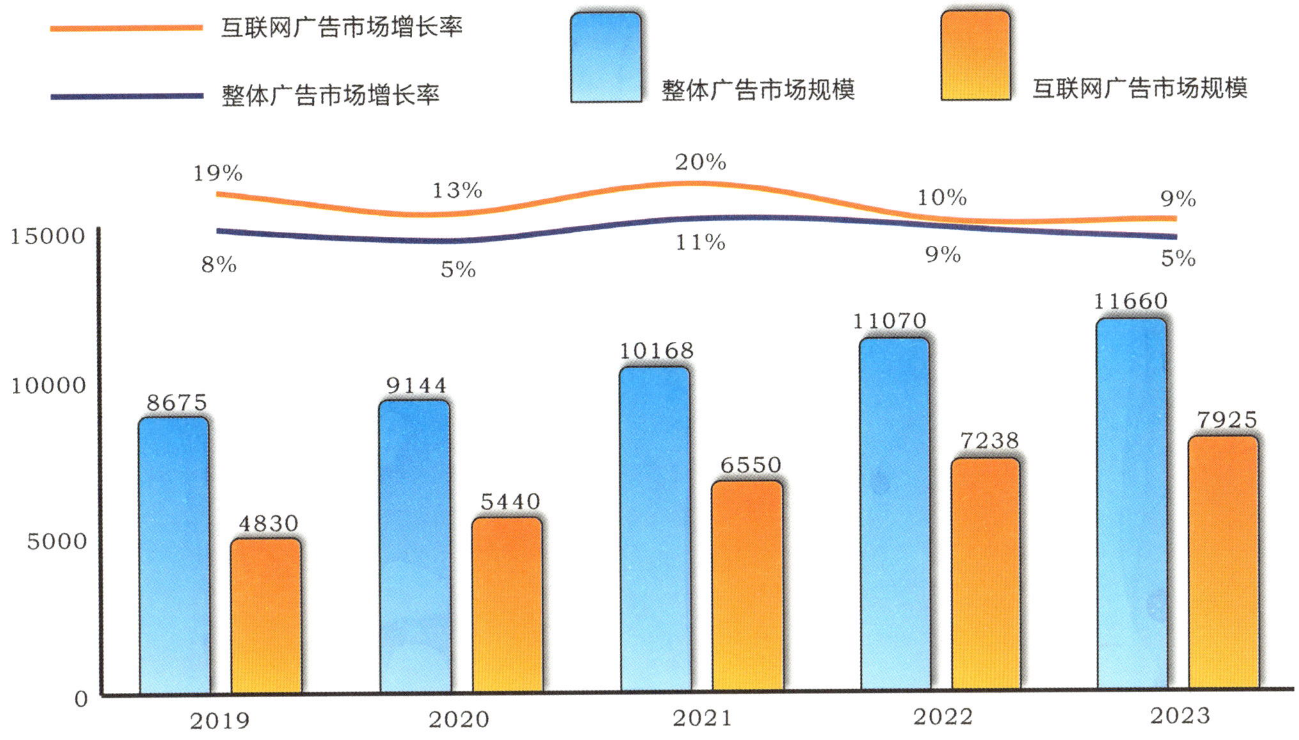

图6-2　中国广告市场调查分析图

最后，广告市场调查的目的具有层次性和多样性，既有服从于整个营销目的的总体性目的，又有适应市场调查需要的具体性目的（图6-2）。

三、市场调查的方法

广告公司开展市场调查的方法种类繁多，按照调查资料与信息的获取渠道，可分为间接调查法和直接调查法两种。

1. 间接调查法

间接调查法是通过收集各种历史和现实的动态统计资料，从中摘取与市场调查课题有关的情报，也叫二手资料法。有人把二手资料简单理解为从书本、报刊上找来的资料，实际上，二手资料也可能是通过访问和实验获得的，但它们是别人获取的，或者是在本次市场调查之前获取的。只有在本次调研中，通过本次调研的实验人员自己访问和实验获取的资料，才能被称为一手资料。没有充分分析二手资料之前，一手资料收集工作不宜盲目展开，否则很可能使市场调研工作走一大截弯路，严重的甚至会导致市场调查的失败。二手资料可以分成内部数据和外部数据。

（1）内部数据。内部数据是指来自企业内部的自有数据。这些数据有的可以马上应用，有的要经过调研人员的进一步处理才能应用。

（2）外部数据。外部数据主要有三类。一是出版物类，如商业年鉴、民间组织或协会的统计数据、政府部门的统计数据、报纸、杂志等。二是计算机数据库类，如网络查询、国家或地方统计局的数据库、各大型零售商的货物进出仓数据库等。三是专业信息公司，外部数据还可以向提供商业数据的专业信息公司进行购买。国内已有不少能提供这种商业数据的公司，其做法是对固定样本家庭的日常消费进行调研，形成一些基础数据，供企业和研究人员参考，我们称之为“数据公交车”。

2. 直接调查法

直接调查法能充分运用从间接调查中了解的信息源，这些信息源一般能提供大量有价值的信息。在实施直接调查之前，我们应该明确制订目标，比如，需要收集什么信息、需要用什么方法收集和测量、调研对象是谁、如何分析数据等。常用的直接调查方法有以下几种。

（1）市场普查法。市场普查法是以市场总体为调查对象的一种调查方法，这种调查方法的基本特点是具备全面性，相对稳定。市场普查法通常由专门的普查机构来主持，需要组织统一的人力和物力，确定调查的标准时间，提出调查的要求和计划，由于市场普查法的侧重点是宏观的，它本身包含着很多具体内容，因此它也是实际调查中运用较少的一种方法。

（2）抽样调查法。抽样调查法是根据概率统计的随机原则，从被研究的总体中抽出一部分个体作为样本进行分析、概括，以此推断整体特征的一种非全局性的调查方法。

抽样调查法有三种常用的方式。一是等距离抽样，是将准备调查的对象排列起来，设定等距离来抽取样本的方法。二是任意抽样，即采取抽签的方法，将调查对象做成签混合后再随意抽取的方法。三是随机抽样，是将调查对象编成号码，运用乱数表抽取样本的方法，这是最常用的一种方法。

抽样调查法是市场调查的一种主要方法，其特点是具体、技术性强。这种方法实施的主要环节有两个：一是要注意抽样客观性，避免主观人为倾向；二是选点取样要具有代表性，使样本的特征能较为充分地表现事物的总体特征。由于样本的选择直接影响到调查的质量，所以使用抽样调查法必须特别注意。

（3）典型调查法。这是市场调查中普遍采用的一种方法，其特点是较为节省人力财力，取得资料也较快。运用典型调查法，要求调查人员只有在对被调查团体非常了解的基础上才能进行，以避免选择非典型样本作为调查对象。例如，在调查城市居民对共享单车的需求中，青年组对共享单车的需求与老年组对共享单车的需求显然不同，这就需要选择不同的典型样本，同时还应注意典型样本未来发展的可能性问题。

（4）随意调查法。这是指调查者根据调查的目的和内容，随意选择对象进行调查研究的一种方法。但需要指出的是，这里所说的随意，仍然是服从调查目标的前提下的随意，不是毫无限制的随意。例如，调查者要了解消费者对某种产品的评价状况，就可以在繁华的街头、百货商场、购物中心等人员较为集中的场所作不定点的调查，当然这种调查也要有所选择，在确定调查对象、调查时间或调查区域时要尽量考虑代表性。

（5）访谈法。这是指调查者通过询问的方法获取所需资料的一种调查方法。访谈法有三种常用方式。一是人员走访，即调查人员直接造访被调查者，从中了解情况和收集所需的情报资料。二是电话采访，给被调查者打电话，通过电话询问的方式进行调查，其特点是简便快捷。三是邮信查询，即通过邮递问卷的方式调查被调查者的方法。访谈法通常能获得较为权威而又准确具体的第一手资料，使调查的内容有深度。

（6）观察实验法。观察实验法是指注意调查现场情形的一种调查方法，它通常分为观察与实验两种方式。一是观察法，主要是指调查者

— 补充要点 —

广告市场调查必须经常性的进行

市场本身就是一个千变万化、错综复杂的动态系统，这就要求市场调查必须有步骤地经常进行，没有及时的和经常市场调查就不可能及时地观察市场变化和市场出现的新情况、新趋势、新特点，企业也就不能及时采取应变措施，其结果不但新产品难以打开销路，就算名噪一时，十分抢手的产品也会因此而逐渐失去竞争力变成滞销，产品无法销售。所以必须确立市场调查的长远规划，建立适应的工作制度，真正发挥市场调查在营销广告策划与创意中应有的功效。

对被调查者的行为与特点进行现场描述的一种方法。如调查者到购物中心观察某类产品的销售情况、推销方式、消费者情况等。观察法具体包括直接观察、痕迹观察、行为记录等方法。其特点是可以客观地记录事实的现状和经过，使收集资料具有较高的准确性和可靠性。二是实验法，主要是通过小规模实验来了解产品及其发展前途，借此把握消费者的评价意见的一种方法。例如，要了解消费者对某种新产品的评价，就可以选择某些新产品进行实验，进而进行试销调查。常用的实验法包括销售区域实验、模拟实验、购买动机实验等几种。其特点是调查结果较为客观、准确，但实验的时间较长，成本较高，有些实验因素也难以控制。在具体的市场调查中，采用哪种或者哪几种调查方法，并没有一个统一的规则，应该根据具体情况不断调整，才能取得科学客观的调查结论。

四、市场调查问卷设计技巧

广告市场调查的技巧，是指具体运用市场调查方法去实现调查目的时所需掌握的调查问卷，对获取全局准确的调查资料有很大帮助，而且往往是达到调查目的的关键。

市场调查的问卷设计从总体上讲应符合基本条件：问题必须简明扼要和有较强的信息涵盖量；问题要符合人们通常的逻辑思维进程，保证能获得对方答复；问题必须具有典型意义，能够代表一定阶段内市场发展的基本趋向；问题应便于评议、分析和综合说明。

设计调查问卷是一项技术很强的工作，除了要求具备以上条件外，还要注意概念的确定性，尽量避免一般性问题或与调查内容无关的枝节事项，避免对被调查者进行偏向性引导。

第二节　营销环境分析

一、营销环境的定义和构成

什么是营销环境？就是影响企业的市场和营销活动的不可控制的参与者和影响力。具体说就是：影响企业的市场营销管理能力，使其卓有成效地发展和维持与其目标顾客交易及关系的外在参与者和影响力。因此，市场营销环境是指与企业营销活动有潜在关系的所有外部力量和相关因素的集合，它是影响企业生存和发展的各种外部条件。

1. 宏观环境

宏观环境是指影响企业市场营销微观环境的巨大社会力量，包括人口、经济、自然、科技、政治和法律、社会和文化等环境，它主要由一些大范围的社会约束力量构成。

（1）人口环境。主要有人口规模、地理分布、年龄分布、迁移等因素。

（2）经济环境。包括宏观经济形势，如政府财政、金融情况；本行业在整个经济体系中的地位和行业特点；企业的直接经济环境；人均实际收入、平均消费取向、消费支出分配模式。

（3）自然环境。是指一个国家的自然资源与生态环境，包括生产的布局、人的生存环境、自然资源、生态平衡等方面的变化。

（4）科技环境。科技的发展使产品结构发生了巨大的变化，整个世界处在新的企业革命时期。

（5）政治和法律环境。是指强制或影响社会上各种组织和个人的法律、政府机构和利益集团。

（6）社会和文化环境。是指社会结构、社会风俗、习惯、信仰、价值观念、行为规范、生活方式、文化传统等。

2. 微观环境

微观环境是指对企业服务及其顾客的能力直接构

成影响的各种力量，包括企业本身及其市场营销渠道。企业内部环境、供应商、顾客、竞争对手和公众，都对企业的市场营销顺利有效地进行起着重要的作用。

（1）企业内部环境。企业是由各职能机构，如计划、财会、技术、供销、制造、后勤等部门组成的以盈利为目的的经济单位。企业内部各职能部门的分工合作科学、和谐与否，会影响企业的整个经营活动。在制订计划时，营销部门应兼顾企业的各个部门，如最高管理层、财务、研究与开发、采购、生产、会计等部门。所有这些相互关联的部门构成了企业的内部环境。

（2）供应商。是向企业供应其生产产品和劳务所需要的各种资源的企业，是企业的整个顾客“价值传送系统”中的重要一环。企业要进行生产，首先就要有各种原材料、燃料、辅助材料等的供应作保障，供应商能提供企业生产产品及提供服务所需的资源。

（3）顾客。是企业的目标市场，也是直接营销环境中最重要的因素。顾客的变化意味着企业市场的获得或丧失。顾客市场可划分为消费者市场、企业市场、经销商市场、政府市场、国际市场这五种顾客市场，企业应当仔细研究其顾客市场。

（4）竞争对手。大多数企业都不可避免地会遇到现实或潜在的竞争对手的挑战。从消费需求的角度划分，企业的竞争者可以分为四种类型：一是产品竞争者，指生产同种产品但不同规格、型号、款式的竞争者；二是品牌竞争者，指产品相同，规格、型号等也相同，但品牌不同的竞争者；三是平行竞争者，指能够满足同一种需求的不同产品的竞争者；四是需求竞争者，指提供不同产品，以满足不同需求的竞争者。前两类竞争者都是同行业的竞争者，是营销企业必须认真了解、研究、对待的竞争者。

（5）公众。是指对企业完成其营销目标的能力有着现实或潜在利益关系和影响力的群体或个人。公众对企业的态度会对企业的营销活动产生巨大的影响，它既可能增强企业实现自己营销目标的能力，又可能妨碍这种能力，所以企业必须采取一定的措施，成功地处理与主要公众的关系，争取公众的支持和偏爱，为自己营造和谐宽松的社会环境。

- 补充要点 -

市场调查人员必须有良好的素质

市场调查是一项长期的艰苦的复杂的工作，具体承担这项工作的人素质能力不仅关系到市场调查的成败，也关系到广告策划思路能否取得实效，这就要求市场调查人员应当具备较高的文化素质、思想修养和良好的工作作风，因为市场调查者面对的是大量客观的市场信息，一个调查者应当懂得如何去搜集资料，去什么地方搜集资料，并有能力对资料进行及时的整理、分析和研究，所以具备一定对综合信息的决策能力和预测能力，这是对市场调查人员最起码的要求。

二、企业营销分析的要点

1. 营销的宏观制约因素

（1）宏观经济形势。宏观经济形势包括宏观政策、市场环境、技术趋势等。企业外部的政治环境包括进出口政策、外汇与税收制度、国有化政策与社会治安等。经济与具体市场环境包括宏观经济形势、地区的产业结构与政策、人均收入与可支配收入、消费模式等。基础设施与人力资源环境包括科教文化设施的分布与服务水准、交通通信能源的建设、消费者受教育的程度与薪资水平等。企业所属产业的发展政策包括所属产业的发展前景、受鼓励或受限制程度。

（2）市场的政治、法律背景、文化背景。包括高效廉洁的司法机关、无歧视性且与国际接轨的法律、良好的知识产权保护、健康开放的社会生活方式、积极向上的文化氛围等。是否存在有利或者不利的政治因素可能影响产品的市场；企业的产品与市场的文化背景有无冲突之处；是否存在有利或不利的法律因素可能影响产品的销售和广告等。

2. 市场营销环境中的微观制约因素

市场营销环境中的微观制约因素有企业的自身目标和资源、企业供应商与企业的关系、企业营销与企业的关系、顾客对企业和产品的态度及其实际的购买行为、竞争者的情况。

3. 市场概况

（1）市场的规模。包括整个市场的销售额、市场可能容纳的最大销售额、消费者总量及总的购买量、以上要素在过去一个时期中的变化、未来市场规模的变化趋势等。

（2）市场的构成。包括构成这一市场的主要品牌、各品牌所占据的市场份额、居于竞争优势地位的品牌、对本品牌构成竞争的品牌、未来市场构成的变化趋势。

（3）市场构成的特性。包括市场有无季节性、有无其他突出的特点。

三、营销环境分析的总结

对市场环境的各要素进行分析的目的在于找出企业在市场上面临的主要机会点和问题点。在各要素的分析完成后，应对其中的要素按照机会和问题进行分类总结，没有机会点和问题点的要素在总结中可以忽略不计，而作为机会点或问题点的要素则要重新明确。在分析完成后还须进行总体审核，以确定没有漏掉一个重要因素。

通常在广告公司，上述调查都由设计师来完成，广告设计师的职责全面，能获取更多数据来创意策划广告。

第三节　竞争对手分析

一、竞争对手分析的目的

在对企业自身状况进行分析之后，应该对竞争对手进行一番调查和分析，即“知己知彼，百战不殆”。对竞争对手进行分析的目的是寻求个体间的竞争优势。广告策划活动必须要从广告主的视角出发，来捕捉竞争对手，并通过确认竞争者之间的竞争优劣势地位，判断其各自的市场竞争行为的原则，并以此来决定客户本身的市场反应策略。

为了确立自己相对于竞争对手的优势，明确客户核心的竞争力，找到成功的关键方向，我们可以直接将自己的竞争资源同竞争对手的竞争资源进行对比（图6–3）。

通过表6–1对比分析，我们可以获得关于“主要竞争对手的优势是什么?”“主要竞争对手的弱点是什么?”等问题的结论。直接和竞争对手对比的确是比较简单和直接的方法。虽然各个企业的产品不完全一样，但对每个企业来说，都可以将自己的产品和竞争对手的产品进行比较，以便能够确定扩大市场份额的独特方法。

（a）　　　　　　　　　　（b）

图6-3　竞争对手广告较量

表6-1　竞争对手分析考虑的因素

软件因素	硬件因素
市场占有率	产品质量、产品基本功能和附加功能
情感占有率	新产品开发
心理占有率	产品系列的宽度和深度
广告投放	细分市场的数目
产品/服务差异化（多样化）程度	生产能力
企业理念与形象	成本情况
研究开发的重心	能源和原材料供应
企业总部与分支机构所在地	财务状况
销售组织和销售渠道	营销工具使用
地域市场范围	分销渠道
品牌的数量	营销体系的规模与力量
纵向一体化程度	产品或服务的质量
技术领先程度	研究开发能力
成本结构和价格定位	设备水平
所有者结构	组织的规模
背景及关系资源（政府、银行等关系）	

二、竞争地位分类

企业获取的市场竞争优劣势决定了各个竞争对手的市场地位。竞争对手的地位可以划分为四大类：市场领袖、市场挑战者、市场追随者和获取市场林尔奇。它们的市场地位和应用策略见表6-2。

表6-2 不同竞争对手市场地位及策略

竞争对手地位	市场地位与应用策略
市场领袖	市场占有率最大者，在产业创新、经销渠道的拥有、价格调整，以及促销运动方面，均居于行业、市场的领导地位，为同行确定指标、模仿、挑战的焦点
市场挑战者	市场占有率排名第二、第三、第四或第五者，具有强劲的竞争潜力，可以打正规战，是市场领袖所忧虑的对手。进可攻，退可守，运用自如
市场追随者	竞争中无意愿或无能力对市场领袖采取反击策略的企业，通常在战场上采取“追随模仿”市场领袖的行为，要比采取对抗策略更为经济与安全，尤其在产品同质性高，顾客不易分辨产品差异时
获取市场林尔奇	林尔奇是riche*的音译，其战略目标在于获取各个行业中较具有专业性，较小型的市场区隔，这类专业型市场区隔通常为大型企业所忽视

*riche［英］暴发户。

三、竞争对手情况分析

1. 竞争对手的市场情况分析

（1）竞争对手的历史背景。在确定广告战略之前，应该首先深入了解所有重要竞争企业的历史、品牌、企业文化、本企业以前遭遇过的关键时刻、本企业的重大失误和巨大成功。所有的新的决策都会建立在企业的历史之上，广告公司应该善于研究那些历史。

（2）与竞争对手进行产品比较。直接和竞争对手进行对比的确是辨别竞争对手间优势－劣势的比较简单直接的方法。虽然行业中或不同行业的各个竞争企业的产品大多不会完全一样，但对每个企业来说，都可以将自己的产品和竞争对手的产品进行比较，以便能够确定扩大市场份额的独特方法（图6-4）。

（3）竞争对手对市场发展趋势的关注。市场发展趋势是指来自其他行业的竞争，它有可能会给本行业的竞争方向带来一些影响。另外，竞争对手对这一市场发展趋势有何反应，将直接影响客户的广告策略的决策。

（4）竞争对手的市场现状。了解市场有一个基本的起点，就是找到竞争对手的市场成长状况、市场

（a）　（b）

图6-4 竞争对手产品比较

图6-5　巴西环球电视台广告

容量、市场竞争结构、通路结构等相关的数据。市场中占市场份额前三位的大公司一共占据了多少市场份额？主要竞争对手对消费者的承诺是什么？这些数据是进行竞争分析、完成市场策略和广告决策的基础（图6-5）。

2. 竞争对手广告分析

随着信息传播手段的日益多元化，通过广告等多种手段吸引消费者成为竞争的重要手段。对竞争对手的分析应该包括对其广告作品发布的关注。具体的内容应当包括：竞争对手的广告投放量、竞争对手的广告投放的行程安排、竞争对手的广告定位、竞争对手的诉求重点、竞争对手的广告作品风格、竞争对手的广告作品更换的频率、竞争对手的广告投放媒体组合的特点。

四、SWOT分析法

SWOT分析法是20世纪80年代初由美国旧金山大学的管理学教授韦里克提出，是进行竞争对手分析的最主要方法，其内容包括分析企业的优势S（strength）、劣势W（weakness）、机会O（opportunity）和威胁T（threats），S、W是内部因素，O、T是外部因素。

1. 优势与劣势分析（SW）

与竞争者企业处于同一市场时，我们把以下几种因素进行综合比较，扬长避短，创造自己的竞争优势。

（1）更高的赢利率或赢利潜力。

（2）人员状况。

（3）市场份额。

（4）产品的大小、质量、可靠性、适用性、风格和形象等。

2. 机会与威胁分析（OT）

企业对外部环境的机会与威胁可就以下各个环节进行相应的分析。

（1）环境发展趋势（包括政治、经济、法律、社会文化）。

（2）产业新进入的威胁。

（3）供货商的议价能力。

（4）替代品的威胁。

（5）现有企业的竞争等。

企业只有处处采取积极的措施才能生存。运用该方法可以全面地了解竞争对手的状况，发现市场的变化，更快地适应市场。

— 补充要点 —

广告市场调查必须有目标地进行

广告市场调查能否成功最主要取决于市场调查目标确立，市场调查的目标主题相关，派生出广告策划的主导思想，因而市场调查的最重要的方式就是提出目标，更是以预测市场发展的趋向为目标，就会产生出不同的市场调查方案，依据不同的市场调查方案，构思新的广告方针和策略。

虽然市场调查目标有总体目标与具体目标的层次上的差别，但都要求和广告策划的主题紧密结合起来，只有与市场调查的目的相关，才能有的放矢。采取广告的各种策略，也只有重视并抓住市场调查目标，才能使广告策划发挥其应有的功效。

第四节　消费者分析

一、消费者购买行为过程

从消费者的角度来看，消费者的行业程序可以分为以下五个阶段。

1. 唤起需求

消费者的购买过程是从唤起需求开始的。一个人的需求可以由内在原因引起，如腹饥而想到购买食物，这种需求为主动需求；也可能是受到外部刺激或诱导而唤起，如看到亲戚朋友买了大屏幕电视自己也想买，这为被动需求。主动需求的主观意识很强，而被动需求由于购买前没有成熟的购买目标，正是广告宣传的大好时机。

2. 收集信息

当消费者需求唤起并确立了满足需求的购买目标后，往往会着手了解和收集各种有关信息，以便进行评价比较，帮助自己作出决策。此阶段是广告宣传的最佳时机，此时广告的目的是建立商品、企业的声誉，强化消费者的购买信心，促使其指名购买或认牌购买。

3. 综合评价

当消费者收集到足够的商品信息之后，就会对所有可供选择的商品进行分析对比和综合评价，从而缩小挑选的范围。这时候的广告，特别是终端售点广告，具有稳定信心、促进购买的心理功能作用。在消费者犹豫之时，提示性的广告能帮助消费者下决心。一个暗示或说明往往都能起到很大的作用。

4. 决定购买

当消费者对商品信息经过综合评价后，就进入决定购买阶段。一般来讲，消费者有三种类型的购买行为：第一是试购，即少量购买尝试新产品；第二是重复购买，对于熟悉的品牌再次或者经常购买；第三是连锁购买，也即系列购买，指消费者购买主要商品后对附属商品的购买。

5. 购后感受和评价

购后感受和评价常常会作为一种经验反馈到购买活动的第一阶段，起着帮助做出新决策的作用。

二、消费者购买动机分析

所谓消费动机，就是消费者在选购和消费产品时的心理动力，是驱使消费者产生各种购买行为的内在原因。对消费者的购买动机进行分析，有助于觉察和掌握消费者进行购买的真实意图，从而有助于在广告中进行有针对性的广告诉求。

在购买动机分析方面，美国心理学家马斯洛的“需求层次说”具有广泛的影响。他认为，人类的一切行动都基于需要，他将需要分为五个层次，并认为需求的满足是从低级到高级的，其中，生理需求是最低层的需求（图6–6）。

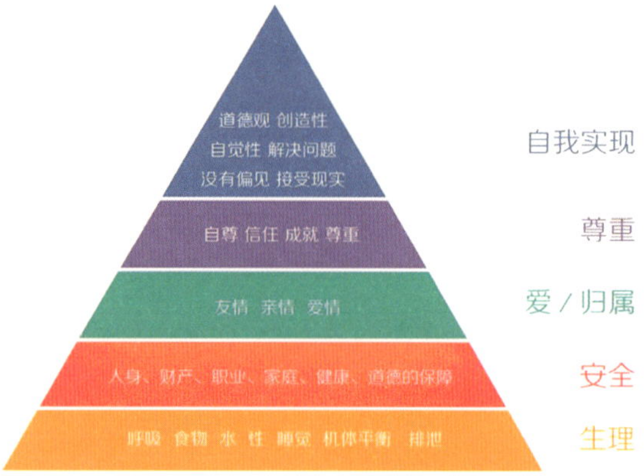

图6–6 马斯洛需求层次理论

一般来讲，只有最低层次的需求获得满足后，才会产生高级的需求；未满足的需求是购买者动机和行为的源泉和动力；当一种需求获得满足后，它就失去了对行为的刺激作用。马斯洛的观点基本上是符合客观实际的。但在实际生活中，一个人的需求并不是机械地逐级满足的，有时会同时进行，所以这些需求层次并不是固定的，一种产品也可能同时满足几个层次的需求，需求还具有动态性。制定广告战略之前必须对这些需求和动机因素进行全盘考虑。

图6–7是Patagonia外套的广告，在美国的黑色星期五(也就是传统意义上的销售高峰期开始的周五)，其他品牌都在大肆做营销活动。但是这个品牌却推出了一个“反黑色星期五”营销活动，鼓励他们的消费者去维修旧物而非购买新品。Patagonia也因为打出不要购买这件外套的广告而出名。

图6–7 Patagonia“别买我”广告

消费动机起源于消费需要，又包含着多种消费心理因素。对于广告策划影响较大的消费心理因素有以下几个方面。

1. 从众心理

从社会心理学角度看，从众心理就是由一个人或一个团体的真实的或是臆想的压力所引起的人的行为或观点的变化。古代“三人成虎”、“曾参杀人”的故事说的就是从众心理的表现。

2. 求名、求美、求新、求廉心理

喜欢追求名牌或者吉利的商品名称；追求商品美感；追求时尚与流行，追求独具一格；喜欢实惠，买东西时讲求物美价廉。这些都是人们普遍的购物心理。

3. 逆反心理

逆反心理是客观环境与主体需要不相符合时产生的一种心理。其特征表现为认识的偏见、观点的极端、情绪的抵触、行为的盲从和放纵等。广告巧妙地运用逆反心理有时能起到意想不到的效果。

图6–8 大众甲壳虫广告

图6–8是大众甲壳虫汽车广告，20世纪60年代的美国汽车市场是大型车的天下，大众的甲壳虫刚进入美国时根本就没有市场，伯恩巴克再次拯救了大众的甲壳虫，提出“thinksmall”的主张，运用广告的力量，改变了美国人的观念，使美国人认识到小型车的优点。从此，大众的小型汽车就稳执美国汽车市场之牛耳，直到日本汽车进入美国市场。

三、现有消费者分析

1. 现有消费者人口状况

从社会经济学和人口统计学的角度来看消费者的人口状况，主要是了解消费者的性别、年龄、民族、文化程度、职业、收入、社会阶层、家庭状况等情况，为人口细分打好基础，以便为广告选择目标市场。

（1）性别。性别的差异对于广告的影响几乎是众所周知的。比如：男性较为习惯于理性思维，而女性则较为习惯于感性思维；男性和女性对于某些商品的感觉完全不一样。

（2）年龄。随着人们年龄的增长，所重视的商品会有所改变，对于某些商品的看法也会有所改变，所以必须认识到产品所面临的年龄层次才能很好地进行诉求。

（3）地区。消费者的地理分布不同，对商品的需求会产生很大的差别。无论吃穿住行，对于城市消费者与农村消费者、南方消费者与北方消费者来说，其爱好、消费结构、消费水平上都有不少差异，对广告的认识和接受也有明显差别。

（4）职业。不同职业的人有不同的消费观念，所以针对工人、农民、知识分子应该采取不同的广告策略。一般来讲，体力劳动者比较喜欢简洁明了、通俗易懂的感性诉求的广告，而脑力劳动者则能够接受理性诉求的广告。

（5）民族。在漫长的历史发展过程中，各民族形成了不同的语言、文化和生活习惯，因此对消费品有着不同的爱好和要求，对广告信息有不同的评价标准。一些民族还有自己长久形成的某种禁忌习惯，比如，在伊拉克，绿色代表伊斯兰教，在各类商品广告中绝对禁止使用；其他民族也有一些各自的禁忌习惯，这些应该引起重视。

（6）社会阶层。社会学家一般将社会阶层分为上层、中上层、中层、中下层、下层等。同属于某一阶层的人往往具有相近的态度、身份标志和消费模式。实际生活中，虽然不能那么呆板地将社会公众分为哪几个阶层，但在一定范围内找出一定社会阶层的共同特征，对于广告策划来讲还是大有裨益的。

2. 现有消费者的消费行为

现有消费者的消费行为包括消费动机、购买时间、购买频率、购买数量、购买地点。其中消费动机最重要，消费动机即消费者在选购和消费产品时的心理动力，为什么买？为什么不买？消费者心理需要是促成消费者购买行为的关键因素。心理需要具有多变性、多样性和复杂性，一般而言，消费者购买产品和消费产品都接受两个因素的影响，即个人主观因素和外在客观因素影响。

3. 现有消费者的态度

现有消费者的态度应包括如下几个方面。

（1）消费者对商品印象及评价是怎样的？对本品牌的忠诚度是怎样的？对竞争者产品的忠诚度是怎样的？

（2）对本品牌的认知程度。

（3）对本品牌的偏好程度。

（4）对本品牌的指名购买的比率。

（5）认为本品牌有哪些未满足的需求？

（6）对本产品最满意的方面。

（7）对本产品最不满意的方面。

四、潜在消费者分析

现有消费者是保持销售的主体，潜在消费者却能给企业带来惊喜。很多新的购买，都是由潜在消费者带来的，因此必须对这部分人群加以关注。这也是营销活动的重点之一。

对潜在消费者的分析，可以从以下三个方面进行。

1. 潜在消费者的特性

潜在消费者的特性包括总量、年龄、职业、收入、受教育程度及分布。这和上面提到的现有消费者分析有着很大的共同点，由于这部分人群是相对较为隐蔽的，调查难度较大。但是这些特征的把握，却是十分重要的。企业和营销人员只有通过对这部分消费者的消费习惯和消费方式的把握，才能策划出合适的营销活动，吸引其关注，最后实现购买行为（图6–9）。

图6-9 LEVIS品牌形象

2. 潜在消费者现在的购买行为

现在购买哪些品牌的产品？对现在购买品牌的态度如何？有无可能改变计划购买的品牌？这种对购买行为的分析，是企业进一步了解潜在消费者的重要步骤。通过这些信息，可以发掘潜在消费者的购买习惯和对产品的认知，从而明确主要竞争对手，并根据此制订出有效的营销方案。

3. 潜在消费者被本品牌吸引的可能性

对本品牌的态度是什么样的？他们需求的满足程度是什么样的？这是挖掘潜在消费者的潜在购买热情的关键步骤。因为无论是对潜在消费者特征的了解或是对其现在购买行为的分析，都是为了实现一个目标——让潜在消费者把消费转移到自身产品上来。

五、消费者分析的总结

消费者分析的总结应包括如下几个方面。

1. 现有消费者的主要问题点

（1）现有消费者在消费能力上的分析。

（2）现有消费者对产品有无明显的不满。

2. 现有消费者的主要机会点

（1）对本产品的偏好。

（2）购买频率提高的可能。

（3）购买量扩大的可能。

（4）影响他人的可能。

3. 消费者的机会点

（1）对其他品牌的不满。

（2）对本产品的态度。

（3）未满足的需求。

－ 补充要点 －

不仅要打动消费者，还要指导购买

当消费者被广告所打动时，广告就要起到它的另外一项重要功能——指导购买。广告常以完全相同的方式，向消费者多次重复同样的内容，它通过大力渲染消费或购买商品之后的美妙效果，利用大众流行的社会心理机制创造轰动效应，并给消费者明显的示范作用，指导人们的消费与购买行为。在指导购买的过程中，广告会告知消费者产品用途，产品的使用方法，产品的售后服务，以减少顾客的疑虑，激发更多的消费者参与购买。

第五节　产品分析

通过产品分析，搞清楚广告产品在品质、性能、价格上有何特异之处，在市场上处于哪一生命周期，主要销售对象是谁，产品所包含的个性内涵与精神意义是什么，然后才能确定产品在市场上的位置，确定产品的销售重点和广告诉求的重点，争取消费者的关注与青睐。所以，深入分析产品是现代广告策划中的重要一环。

一、产品形象分析

产品形象是较难以把握的概念，因为它不仅是人们的主观观念，而且是由公众的主观观念聚集起来的。我们知道，任何产品都有满足社会生产和人民生活需要的使用价值，它的质量、性能、用途、商标等能给人们带来某种好处，这一切构成了产品的价格，也就在人们的心目中形成了产品的形象。

产品形象一旦形成，就会在某种程度上脱离产品的具体特点，表现为两种情形。一是某种产品在消费者心目中的形象一旦形成，就具有一定的延伸性和惰性。人对产品的印象，只是从一种具体的产品上产生出来的，但这一特定印象生成之后，却并非只固定在生成这种印象的该种具体产品身上，而往往会延伸到几乎所有该系列产品上去。如果不是该系列产品的发展令人大失所望，使消费者心目中的产品形象深受损害的话，人们甚至对它所具有的一般不足之处也会持较宽容的态度，不轻易去掉已生成的产品印象。二是消费者对产品的印象，并非就是产品的种种具体特点。人们对产品的印象，还具有能够传播开去的特点。它能够脱离某些直接形成该印象的人而在社会上广为散布，并且，这种产品形象一般只被评价为“好”、“一般”、“不好”，而不是对产品各种性能一一具体评说。

产品形象对企业经营至关重要，现代企业也正在逐渐地将竞争的重点从质量、价格、性能等硬指标追求转向软的综合指标——产品形象的追求。而成功的广告活动，恰恰是塑造产品形象的有力手段，因而，进行广告策划时，策划者对产品形象进行分析就是十分必要的了。通过广告策划来塑造产品的形象，应着重宣传广告产品的闪光点，即其他同类产品所不具有的优点、特点，这样将更具说服力。

但如果广告仅仅着眼于介绍产品所具有的优点、特性，那么广告策划和创意也就平淡无奇，难以成功了。所以，以广告策划来塑造产品的形象应着重宣传产品的闪光点，这不等于说仅仅停留在对产品具有的闪光点宣传的层面上就万事大吉了（图6–10）。

二、产品物质特点分析

分析产品的物质特点，是产品分析的重要而具体的步骤。开展广告活动时，必须以产品的物质特点为依据确定广告诉求的重点。分析产品的物质特点，有助于把握消费者对广告产品形成大致的印象，以保证广告运动围绕产品的优势与特色展开诉求，达到引起

图6–10　无印良品品牌形象

注意、激发兴趣、刺激欲望、加强记忆、导致购买的目的。

从广告策划的角度讲，应分析产品的如下物质特点。

1. 用料

用料，即分析广告产品所使用的原料是什么，以及原料的产地、性质、特点与同类产品相比有何优势。

2. 用途与性能

用途与性能即分析广告产品究竟有何种用途，其性能怎样，表明它可以满足消费者哪些需要，消费者如何使用等。这些是确定广告宣传重点和进行产品定位的关键依据。

3. 产品外观

（1）色彩。不同地区、不同民族，或者同一地区、同一民族的不同消费者，因其生活方式、生活水平、生活习惯、文化背景的不同，对色彩的表达是千差万别的。策划者策划广告、宣传产品，应分析产品颜色对于不同消费者所起的不同作用，学会尊重消费者的习俗（图6-11、图6-12）。

图6-11　苹果手机外观色彩

图6-12　苹果手机包装色彩

（2）规格。同色彩一样，消费者对产品规格和尺寸大小的要求也各不相同。就拿手表来说，男、女消费者对手表这种产品在规格上的要求就不同，男人要求手表规格要大些，显得大方、庄重，而女人则要求手表规格要小些，显得小巧玲珑。所以，有些厂家就注意到了消费者的这种不同需求，生产出了成双出售的“情侣表”。

（3）款式。分析消费者对产品式样、款式的喜爱和要求，是广告策划不可缺少的一步。同样质地的产品，款式新颖才更能满足消费者在使用产品的同时追求新鲜的愿望。比如，女用包款式很多，单肩背的、手拎的，等等，品种齐全。所以，广告策划只有抓住产品的销售目标，细分市场的各类消费者所喜爱的款式、类型，以及近期可能出现的变化趋向，向特定消费者集中诉求才能取得良好的宣传效果。

（4）产品服务。产品服务有无特色，也是产品分析的重要方法。产品服务分售前服务、售中服务和售后服务。有的产品在售前可以让消费者试吃、试穿、试用后再决定是否购买；有的产品如服装，在售中售货员不仅当顾问，帮消费者挑选，还可以当模特，让消费者当场目睹试穿效果；有的产品送货上门，免费安装调试，一定期限内免费维修或更换。广告策划就要分析广告产品是否提供产品服务，分析产品服务有什么特色，然后有针对性地进行宣传，这是增强消费者对广告产品好感的重要因素。

（5）包装。包装本来是实体产品的一个组成部分，以往的包装仅仅出于储藏和运输的需要，但随着市场的发展，包装的作用发生了变化，包装本身也具有广告的作用。包装精美，也是产品的一个卖点。因而在广告策划中，还须认真分析产品的包装，分析其造型是否美观，包装质量是否同产品价值相协调；是否能显示出产品特点与独特风格；文字设计是否直接回答了消费者最关心的问题；包装装潢的色彩图案是否符合消费者心理需求；是否与消费者习俗、宗教信仰相抵触等。策划者只有很好地解决了这些问题，才能策划出成功的广告活动，否则，可能不但不能起到促销的作用，反而适得其反。

三、产品识别标志分析

广告作为一种宣传促销的手段，特别要注意如何生动地将产品的识别标志告知消费者，使之留下鲜明深刻的印象，以便记住它、了解它、喜爱它。因而，分析产品时，应特别重视对产品识别标志的分析。

1. 商标

商标，是商品的标志，它就如同商品的“脸”，是要给人看的，当然应追求美。如果广告人能为商品塑造一幅形象感人、惹人喜爱的“脸”，无疑会提升商品的信誉价值。从现代广告策划的角度来说，对商标的分析应着重抓住如下问题：

商标是否独一无二，应避免与其他商标雷同或类似；商标是否将企业与产品的特点充分表达出来，并使它具有一定的意义；商标是否美观大方、构思新颖、造型独特、有吸引力，便于广告促销；商标是否简洁鲜明，易看易记。

图6-13是德国宝马汽车的标志，我们大多数人知道宝马汽车的速度和敏捷性。然而，如果你好好看看该品牌的商标蓝白色标志你将意识到这是由白色的飞机螺旋桨叶片切割蓝天。

图6-14是日本雷克萨斯汽车的标志，用椭圆环绕的L字母，根据丰田汽车销售公司的官方说法，这个椭圆弧度依照精确的数学公式修饰，动用三个以上的设计商和广告商，花了半年多的时间才完成。

图6-13　宝马汽车标志

图6-14　雷克萨斯汽车标志

2. 企业标志

企业标志是创造企业形象最重要的手段。它不仅是企业与产品的代表符号，而且是质量的保障，是沟通人与产品、企业与社会的最直观的中介之一。它可以起到让消费者识别产品服务的作用。因而，在广告宣传中，除了要突出产品商标外，还应明确突出企业标志，以便给消费者留下一个完整的形象。

图6-15是家乐福的企业标志，Carrefour这个企业标志第一次出现是在1966年，其设计概念取自法文商标字首C，C的右端延伸一个蓝色箭头，左端一个红色箭头，象征四面八方的客源不断地向着Carrefour聚集。

Carrefour
家樂福

图6-15　家乐福企业标志

3. 口号

用一句口号代表一个产品，是从早年叫卖形式中继承而来的，因为它颇为适用于广告宣传，因而在现代产品推销中又受到青睐。

在广告策划中，应对产品口号予以分析，主要包括以下几点。

（1）口号要简练，朗朗上口，通俗易懂，押韵最佳。

（2）语言要富有情趣，号召力要强。

（3）广告语要突出产品的服务特点，语言要高度概括。

（4）要关注消费者心理，满足特定消费者的心理需求。

图6-16是农夫山泉的经典广告语："农夫山泉有点甜"，这句广告语中避开了明星效应与对水质的追求，而是轻轻地点出了产品属性是"有点甜"，同时也是意味着甜蜜幸福欢乐，这是中国人终身的追求，这为消费者在品类庞杂的矿泉水的选择中带来了一点新意。

图6-16　农夫山泉广告

—补充要点—

广告语的引申

有一些产品本身并没有让人们一下子就感觉出来的特色，这个时候就要通过广告来进行一定的引申，从而发现产品的亮点所在。比如："农夫山泉有点甜"就是很好地进行了引申，容易引起众人的兴趣。

课后练习

1. 为什么在企业营销活动之前，要进行市场调查？
2. 影响企业发展的内外部因素分别有哪些，各自有怎样的影响？
3. 简述SWOT分析法。
4. 简述消费者购买产品的动机。
5. 如果有一家企业要为其生产的零食产品做一个竞争对手分析，谈谈你的分析角度。
6. 产品生命周期包括哪些阶段？每个阶段应该采取怎样的广告策略？
7. 试对"蒙牛特仑苏"产品进行分析。

7

第七章 广告媒体策划

学习难度：★★☆☆☆

重点概念：媒体分类、评价、媒体选择

PPT课件，请在计算机里阅读

章节导读

媒体策划是一种独特的管理职能，与公关策划相似，是当代营销整合的重要核心，所不同的是，媒体策划是帮助一个组织建立并维持它与媒体之间、与公众之间的相互沟通，是企业品牌传播和市场推广的关键之一，凭借广泛的媒介覆盖网络和对媒介的深刻了解，整合报纸、网络、电台、电视台、移动电视、手机短信等各种传媒资源，用社会文化运作的手法，引导公众关注，从而达到导航舆论，诠释职能，树立良好的产品消费文化的目的（图7-1）。

图7-1　创意广告

第一节　广告媒体概述

广告媒体策划属于整个广告策划的一个重要组成部分，它是针对既定的广告目标，在一定的预算约束条件下，利用各种媒体策略把广告信息有效地传达到市场目标受众而进行的一系列筹划和安排。

媒体的主要评价指标有：覆盖率、毛频点、视听众暴露度、到达率、暴露频次、有效到达率及千人成本等。媒体策划的基本任务就是结合考虑各媒体特性，根据这些指标进行比较评价，而后选择合适的媒体和媒体组合，以适当的时机和适当的方式把广告信息有效地传播给目标受众。

广告媒体选择是指通过具体分析评价各类媒体的特点及局限性，找出适合广告目标要求的媒体，从而使广告信息顺利地到达目标顾客那里。现代广告活动已经发展成为一个全方位的整合性的信息传播活动，因此各种广告媒体已经不再是各自为政的个体，广告媒体策划已经成为广告活动战略的一个重要组成部分。

一、广告媒体的意义

媒体，来源于英语词汇Media，其意为“中间的”、“手段”或“工具”等。广告媒体，是指向受众传播广告信息的物质技术手段。广告媒体很多，如广播、电视、报刊、互联网、路牌、灯箱、包装装潢、交通工具，甚至一张名片、一支笔、一件工服，凡能起传播作用的物体，均可成为广告媒体。

二、广告媒体的分类

现代广告媒体越来越多样化，但总的来说，报纸、杂志、广播、电视这四大广告媒体仍是主导媒体。从发展趋势来看，电脑网络有取代传统媒体成为强势广告媒体之势。不同媒体，其传播对象范围、视听效果、成本费用、可信度和权威性、利用条件或适用性，都有很大不同。

按照传播手段的不同，广告媒体划分为：印刷媒体、电子媒体和其他媒体。按受众数量，广告媒体可分为大众媒体、中众媒体、小众媒体。按广告受众接触时间的长短，广告媒体可分为长期媒体和短期媒体。按照信息能够传达到的地区范围，广告媒体可分为全国性媒体和地区性媒体。按照媒体信息传播诉诸受众感觉不同，广告媒体可以分为视觉媒体与听觉媒体。

1. 按媒体的载体与传播途径划分

目前，最常用的广告媒体分类方法是按照媒体的载体与传播途径来进行划分，把广告媒体分为以下具体类别。

（1）印刷媒体。如报纸、杂志、挂历、书籍（包括电话簿、邮政编码簿、火车时刻表等）、海报、传单、票证、标签等（图7–2）。

（2）电子媒体。如广播、电影、电视、电话、传真机、录像、电子显示大屏幕、电动广告牌、幻灯、光导纤维等。

（3）户外媒体。如路牌、霓虹灯、交通车船、飞机、气球、飞艇、高层建筑、旗帜、灯箱（图7–3）等。

（4）邮寄媒体。如销售信、明信片、订购单、商品目录等。

（5）销售现场媒体。如橱窗、招牌、门面、室内外装潢、模特等。

（6）流动媒体。如打火机、火柴盒、手提袋、包装纸、广告衫、购物袋（图7–4）、雨伞、书包等。

图7–2　印刷媒体

2. 按媒体的功能划分

现在按其功能将其分为三类：视觉媒体、听觉媒体和视听两用媒体。

（1）视觉媒体。包括报纸、杂志、邮递、海报、传单、招贴、月历、售点广告以及户外广告、橱窗布置、实物和交通广告等媒体形式。视觉媒体主要特点是通过对人的视觉器官的信息刺激，影响人的心理活动中的感觉过程，从而使人留下对所感知的事物的印象。

（2）听觉媒体。包括无线电广播、有线广播、

图7–3　户外媒体

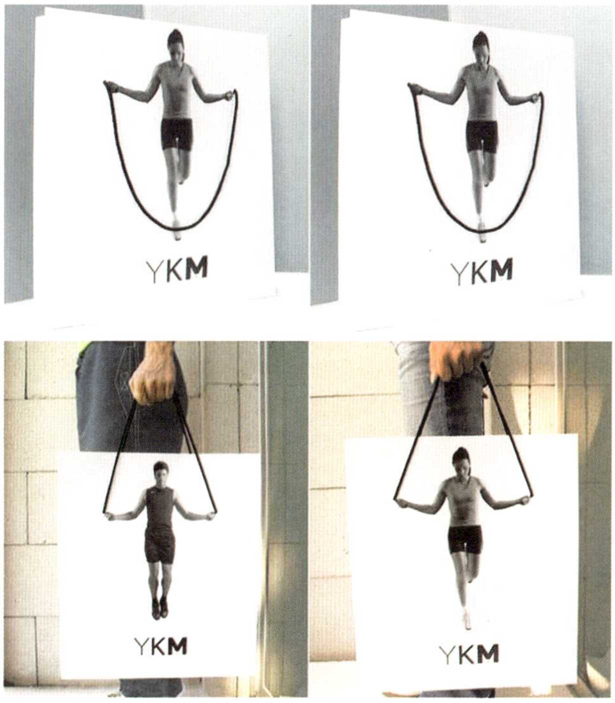

图7–4　包装媒体

宣传车、录音和电话等。听觉媒体主要特点是通过对人的听觉器官的信息刺激，激发人的心理感知过程，使人留下对所感知的事物的印象。

（3）视听两用媒体。包括电视、电影及其他表演形式等。视听两用媒体主要特点是通过对人的听觉和视觉器官的双重信息刺激，激发人们的心理感知过程，从而，能使广告宣传在观众中留下深刻的印象。

另外网络媒体是新兴的且发展潜力巨大的广告媒体。它具有覆盖面广、信息容量大、传播速度快捷等特点。网络媒体最为显著的特性同时也是其强势之所在处，主要表现在信息传播的双向交互性。网络广告的主要类型有：横幅式广告（Banner）、按钮式广告（Button）、赞助式广告（Sponsorship），即BBS广告。

不同媒体在传播范围和传播对象方面是有差异的，如报纸、电视和广播就有全国性媒体和地方性媒体之分。媒体的传播效率有相当的差异，电视、广播的传播速度比其他印刷媒体要快捷得多，而在印刷媒体中又以报纸的传播速度最快，效率最高。针对不同的消费市场和不同层次的消费者的需要，广告活动对传播媒体的选择性也具有不同的要求。针对大众化的生活用品的广告活动，必须选择传播面宽、传播效率高的大众化媒体，而针对一些具有特定消费阶层的商品做广告宣传时，则需要选择专业性的、趣味性的、商业性的或地方性媒体。

— 补充要点 —

媒体组合

通常情况下，每一种媒体都有其长处和短处，将两种或两种以上的媒体组合起来使用，发挥其优势，克服其弱点，使广告达到最佳效果，这就是媒体组合。

第二节　广告媒体评价

随着我国社会主义市场经济体制的逐步完善，市场构成的多样化、媒体类型、品种日趋丰富，媒体费用日渐高涨，广告媒体的选择越来越复杂。如何以最低的媒体代价获得最优的广告效果，便成为企业最关心的一个问题。广告媒体选择过程中首先要掌握广告媒体的评价指标。

一、权威性和影响力

广告是可以借助媒体的权威性而扩大影响的。当然，要选用权威性高的媒体，不仅难度较大，而且广告费用也较高。媒体的权威性与影响力，难以从数量上进行分析，只能作定性研究。同时，权威性的衡量标准也是相对的，对某一类广告来说，某媒体的权威性高，但对另一类广告来说，这一媒体的权威性可能并不高。因为不同的媒体都有自身的特性和影响力，广告受众自身是有一定的衡量标准的。

二、覆盖面

任何一种广告媒体都只能在一定范围内发挥影响作用，即广告媒体的覆盖面，覆盖面一般用触及率来比较。触及率这一指标有两个特点：一是触及人数不可重复计算，某人虽多次接收同一广告，但也只能算是一个接触者；二是触及率是对覆盖面中所有人而言的，因而这一指标也不代表所有受众群体。例如，建筑外墙广告的覆盖面是比较大的，甚至超过了网络与手机广告（图7–5）。

图7–5　建筑外墙广告

三、接触频率

广告媒体接触频率指接触过该广告的人平均接触的次数，这一指标的意义在于了解在多次发布广告后，接触者对广告印象的加深程度。计算方法如第一次触及率为25%，第二次为30%，其中重复触及率为5%，那么30÷25的结果为1.2次，这就是二次广告的接触频率。一般来说，二次或多次广告中，重叠多则纯有效范围小，重叠小则纯有效范围大。在制订媒体计划和选择媒体时，必须按照广告目的的要求，弄清究竟是重视广告有效范围，还是重视广告频率，然后才做出决策。例如，每天搭乘轨道交通的乘客，对地铁站广告的关注度最高（图7–6）。

图7–6　地铁站广告

四、连续性

广告媒体连续性指同一则广告多次在一个媒体上推出所产生效果的相互联系和影响。连续性指标也可运用于在不同媒体上推出同一则广告，或同一媒体不同时期广告活动之间的联系和影响。广告媒体不同，对连续推出广告的效果影响是不同的。例如一般杂志是以月为间隙接触消费者的，如果为配合某项时效性强的营销计划而在杂志上刊出连续性广告，这显然是不适合的，但如果是配合长期销售计划或针对性强的产品，杂志广告的连续性是比较好的。因此，在研究连续性指标时，应对广告活动作综合分析，才能得出正确的判断（图7–7）。

图7–7　杂志广告

五、针对性

广告媒体针对性指广告媒体的主要受众群体构成的指标。媒体的覆盖面和其受众的多少并不是广告主所考虑的唯一指标，一个媒体受众可能很多，但如果其中只有一部分是广告主的目标消费者，这一媒体对特定的广告主来说，也不是理想的媒体。针对性指标包括两项主要内容：一是媒体受众的构成情况，二是媒体受众的消费水平和购买力的情况。现代乡村广告的覆盖面越来越大，效果不容忽视（图7-8）。

图7-8　乡村外墙广告

六、成本效益

广告媒体成本效益指衡量某一媒体可以获得的广告效益同所消耗费用之间关系的指标，此指标主要是对媒体经济效益的量度。广告主在做广告前不仅要考虑“广告能够向市场上百分之几的人传播几次”，同时还必须考虑平均每人用多少成本。

成本效益不能单纯看媒体费用的绝对值大小，而是看支出的费用、覆盖面与视听数量之间的比例关系。广告策划人员按照成本原则选择媒体，最常用的简捷方法是“千人成本法”，也称CPM法，即媒体平均每接触1000人所花费的广告费，其公式是：

CPM=广告费÷接触人数×1000

从CPM公式中也可看到，要把CPM压缩到最小的方法有两种：一是用少量广告费；二是增加广告的接触人数。千人成本指标虽简易可行，但有其不足之处，广告学界对此争议颇多，其主要缺点在以媒体的接触数（视听者）为计算成本的基础，但不同的媒体其影响力有所不同，接触者的构成不同，广告的目标不同等，在千人成本指标中均难以反映。如婴儿润肤露广告，若某媒体的接触者多为年轻的母亲，其广告效果就大，而若接触者多为老年人，其广告效果就很低。因此，在考虑成本效益时，还应有其他指标配合而综合加以衡量。

第三节　广告媒体的选择

一、广告媒体选择原则

正确选择广告媒体，除了依照广告媒体选择的科学方法外，还必须遵循广告媒体选择的基本法则，这是广告策划取得成功的重要因素。归纳起来，广告媒体选择应遵循以下四项原则。

1. 目标原则

目标原则是必须使选择的广告媒体同广告目标、广告战略协调一致，不能背离相违。它是现代广告媒体渠道策划的根本原则。消费者群体不同，他们对于广告媒体的态度也必然有所不同，而只有根据目标对象接触广告媒体的习惯和对媒体的态度来选定媒体，才能符合广告战略的要求，进而顺利达成广告目标，收到良好的广告效果。

如果广告媒体传播信息的受众并非广告目标所针对的消费者或潜在消费者，即使广告主投入再多的广告费，广告创意再新奇独特，也不会取得预期的广告效果，最多也只能是收效甚微。只有严格遵守目标原则，才能辩明并坚持媒体选择的正确方向，才能制定出整体最佳的广告媒体渠道策划。例如，在居民小区电梯中的广告主要针对的是普通老百姓，广告所传播的内容自然也是与生活息息相关的商品，如家电、日用品等。

2. 适应原则

适应原则是根据情况的不断发展变化，及时调整媒体方案，使所选择的广告媒体与广告活动的其他诸要素保持最佳适应状态。适应性原则包括两方面的内容。

（1）广告媒体的选择要与广告产品的特性、消费者的特性以及广告信息的特性相适应。例如，消费品多以大众传播媒体为主，工业品多以促销媒体为主；有些消费者习惯于接受大众传播媒体的广告宣传，有些消费者却对其抱有冷淡态度，而对促销媒体深怀好感。

（2）广告媒体的选择要与外部环境相适应。外部环境是指存在于广告媒体之外的客观原因或事物，如广告管理、广告法规、经济发展、市场竞争、宗教文化，以及媒体经营单位等。外部环境是不断发展变化的，媒体方案也要相应做出调整，正如地下通道广告，更换频率很高（图7-9）。

3. 优化原则

优化原则是要求选择传播效果最好的广告媒体，或做最佳的媒体组合。在进行媒体选择时，必须认真分析了解各种能够达到广告对象的媒体性能特征，以做出最优的选定。一般来说，应该选择传播速度快、覆盖区域宽、收视（听）率高、连续性强、色彩形象更好、便于记忆、信誉高的媒体。优化原则强调，广告媒体渠道的选择及其组合，应该尽可能寻求到对象多、注意率高的传播媒体及组合方式。即使是同类同种的传播媒体也是各有长短的。例如，同属于杂志的媒体，由于级别、性质、特点各有区别，因而其优势与不足也就各有不同的具体体现。

4. 效益原则

效益原则是在适合广告主广告费用投入能力的前提下，以有限的投入抓住可以获得理想效益的广告媒体。现代市场经济条件下，无论选择何种广告媒体都应该将广告效益放在首位，这就要求广告媒体渠道策划应该始终围绕选择成本较低而能够达到广告宣传预期目标的广告媒体这个中心来进行。

一般来说，各种广告媒体因其技术手段、覆盖区域和质量的不同，成本费用也不同。某种广告媒体的技术手段高超、覆盖区域广阔、质量出类拔萃，则其成本费用就高；反之则低。即使是同一媒体，因受有关因素的影响，成本费用也会有明显的差异。例如，从同一份报纸上看，广告版面的大小、版位的划定，从同一电视上看，播发时间的长短、占据的是一般时段还是黄金时段等，都将影响广告的费用。

二、广告媒体选择方法

为了减少广告媒体选择中的偏差和失误，必须善于灵活巧妙地运用广告媒体选择的方法。进行广告媒体选择的方法很多，常用的主要有以下几种。

1. 按目标市场选择的方法

任何产品总有其特定的目标市场，因此广告媒体渠道的选择就必须对准这个目标市场，使产品的销售范围与广告宣传的范围相一致。如果某种产品以全国范围为目标市场，就应在全国范围内展开广告宣传，

图7-9　地下通道广告

图7-10　电视台媒体

其广告媒体渠道的选择应寻求覆盖面大、影响面广的传播媒体，一般选择全国性的电台、电视台、报纸、杂志及交通媒体最为理想。如果某种产品是以特点细分市场为目标市场，则应着重考虑何种传播媒体能够有效地覆盖与影响这一特定的目标市场。一般选择有影响的地方性报刊、电台、电视台、户外广告及交通媒体比较适宜（图7-10）。

2. 按产品特性选择的方法

当代市场产品的种类繁多，不同产品适用于不同的广告媒体，这就要求应按产品特性慎重选择其传播媒体。一般来说，印刷类媒体适用于规格繁多、结构复杂的产品；色彩鲜艳并需要进行技术展示的产品最好运用电视媒体。硬性产品（即工业品）属于理性型购买品，如果其技术性较强，价格昂贵，用户较少，通常选择专业杂志、专业报纸、直邮及展销现场媒体；如果其技术性一般，价格适中，用户较多，也可以选择电视和一般报刊。软性产品（即生活消费品）属情感型购买品，通常适宜选择电视、杂志彩页媒体。

3. 按产品的消费层选择的方法

任何产品都有自己的消费者层，即特定的使用对象。一般来说，软性产品均拥有其比较固定的消费者层。因此，广告媒体渠道的选择应根据其目标指向性，确定深受消费者喜欢的传播媒体。例如，广告产品为新型美容系列化妆品，其使用对象就应是女性，而其主要购买者必定是青年女性，那么，根据这一特征，就必须选择年轻女性最喜欢的传播媒体。如果广告产品是一种新型化肥，其目标市场是农村，其使用对象自然是农民，那么就应该选择广大农民喜闻乐见的传播媒体，像广播、电视、报纸等。

4. 按消费者记忆规律选择的方法

广告是通过传递商品信息来促进商品销售的，但广告还只是间接推销。因为人们在接受广告传播的信息后，由于时间与空间的原因，一般不会听了或看了广告就去立即购买，总是经过一定时间之后才付诸行动。因此，广告应遵循消费者的记忆原理，不断加深与强化消费者对广告产品的记忆与印象，并起到指导购买的作用。例如，某企业推出的产品是在全国范围内销售，那么这家企业除了选择全国最有影响的报纸媒体外，还应选择最有影响的电视媒体和广播媒体，并认真考虑传播广告信息的连续性，其目的就是为了强化消费者对广告产品的记忆。

5. 按广告预算选择的方法

每一个广告主的广告预算是不同的，有的可能高达百万元甚至更多，有的可能只有几千元，这就决定了广告主必须按其投入广告成本的额度进行媒体的选择。对于广告主来说，广告是一项既有益又昂贵的投资，广告主对广告媒体渠道的选择要量力而行，量体裁衣。这就要求广告主在推出广告前，必须对选择的媒体价格进行精确的测算。如果广告价格高于广告后所取得的经济效益，就不要选择价格高的广告媒体。

6. 按广告效果选择的方法

广告效果是一个相当复杂而又难以估价的问题。一般来说，广告主在选择媒体时坚持选择投资少而效果好的广告媒体。

三、广告媒体选择策略

1. 与企业的营销目标相结合的选择策略

一个企业在确定了自己的目标市场以后，要以一个最佳的营销组合或以一个有效的营销计划进入和占领这个目标市场。其具体表现为如何实现一定时期内的企业营销目标。如果把企业的营销目标简单地加以归结，不难发现，所有企业营销目标都是扩大销售额、增加市场占有率、树立企业或产品形象。因此在选择媒体时，就应针对特定的营销目标，按以下几点进行：

（1）扩大销售额时的媒体选择。企业扩大销售额的目标要求广告能够促使消费者缩短购买决策过程，尽快地做出购买决策。为了达到这一目标，在媒介上较为理想的选择顺序应该是电视、广告、售卖点（POP）、直邮（DM）、报纸、杂志等。

（2）增加市场占有率时的媒体选择。增加市场占有率就是争取新的消费者，甚至把自己竞争对手的消费者吸引过来，以加强企业自身的竞争地位。在增加市场占有率时，选择的媒体以报纸、杂志的效果为最佳，其次是电视与广播，再次是售卖点、直邮及户外等媒体。

（3）树立企业产品形象时的媒体选择。树立企业或产品形象是使消费者产生对企业或产品的好感，提高企业或产品的知名度与美誉度。为了实现这些目标，在媒体选择上，报纸、户外交通和赛场等媒体较为适宜，同时，在电视、杂志上进行形象广告宣传，也会产生良好的效果。

总之，从媒体传播信息的广度和深度来分析，任何一种媒体都有其他媒体不能比拟的优点或长处，同时也有自身的缺点或劣处。

2. 与目标市场相结合的选择策略

（1）以区域划分目标市场的媒体选择。企业的目标市场从区域上划分，可以分为全国范围目标市场和区域目标市场。如果目标市场为全国范围，媒体的选择应寻求一个成本尽可能低、广告信息总暴露量尽可能大的媒体组合，因此，可以选择国家一级的电视台、电台、杂志和全国范围内发行量较大的报纸（图7-11）。

（2）以消费者自身因素划分目标市场的媒体选择。所谓消费者自身因素是指消费者的年龄、性别、职业、受教育程度、收入等因素。在对市场细分时，企业比较多地使用这种社会文化标志来细分市场。在媒体选择上，经常运用撇脂媒体选择法。撇脂媒体选择法就是企业首先把广告集中投放到最有可能购买企业产品的消费群体中去，如果产品的销售没有达到预期的目标，随后再调整到另一个群体，直到在广告媒体上找出一个最能适应某一个消费群体的媒体就可以了。

3. 与营销环境相结合的选择策略

（1）社会意识形态影响媒介选择。从统计分析来看，凡经济发达国家或通讯传播业发达的国家，各种媒体都能被广泛使用。但有许多国家，由于社会意识形态的限制，导致在某类媒体上的偏重。如挪威、瑞典、丹麦等国家，禁止在电视、广播上播放广告；有的国家法令禁止香烟、酒类在电视和广播上做广告；在伊斯兰国家，对于电视、电影的限制比较严格，这些国家的广告选择便偏向于其他的媒体。可见，意识形态直接影响到一个国家的媒体选择。

（2）人口密度影响媒体选择。人口密度与广告媒体的传播范围和传播速度有一定的关系。在人口密度低的地区，对于媒体传播的速度与范围要求就高（图7-12）。

（3）文化程度影响媒体选择。文化程度的高低

图7-11　报纸媒体

直接制约着印刷媒体的发行范围及数量。在文化程度低的地区，宜于用电视及广播这两类媒体去说服消费者，因为电视和广播能够通过画面的直观形象和语言的通俗表达，把商品信息传递给消费者，售卖点和户外两种媒体也可以在文化程度低的地区经常使用（图7-13）。

（4）生活水平影响媒介选择。一个地区的生活水平高低与通讯传播业的发达成正比。生活水平高的地区，其报纸、杂志、广播、电视的普及率就高，这几种媒体的选用就比较经常。

图7-12　高速公路广告

图7-13　乡村广告

－补充要点－

广告的艺术化

中国已经越来越走向消费社会，在商品日益丰富的今天，厂家商家得罪消费者的代价将是高昂的。硬广告的方式逐渐式微，软性广告将大行其道，尤其是在社交媒体上。在传统大众媒体上，电影大片式的广告最有利于品牌推广。今后，大众媒体依然会存在，大众媒体上的广告将逐渐艺术化，它已经不太像广告，更多是一种美的享受，适合大品牌。

第四节　主要媒体优劣势分析

一、报纸与杂志传播信息的优势和弱点

广告传播工作是离不开报纸、杂志的。报纸作为一种印刷媒体，是以刊登新闻为主而向公众发行的定期出版物。杂志也是一种印刷媒体，它是定期或不定期成册连续出版的印刷品。报纸、杂志是通过印刷文字将大量的信息和意见传递给公众的，属于印刷类大众传播媒体。

1. 报纸传播信息的优势和弱点（表7-1）

表7-1　报纸传播信息的优势和弱点

优势	弱点
传播面广：报纸发行量大，触及面广，遍及城市、乡村、机关、厂矿、企业、家庭，有些报纸甚至发行至海外	时效性短：报纸的新闻性极强，因而隔日的报纸容易被人弃置一旁，传播效果会大打折扣。
传播迅速：报纸一般都有自己的发行网和发行对象，因而投递迅速准确	传播信息易被读者忽略：报纸的幅面大、版面多、内容杂，读者经常随意跳读所感兴趣的内容，因此报纸对读者阅读的强制性理解能力受限。受读者文化水平的限制，更无法对文盲产生传播效果
具有新闻性，阅读率较高。报纸能较充分地处理信息资料，使报道的内容更为深入细致	色泽较差，缺乏动感：报纸媒体因纸质和印刷关系，大都颜色单调，插图和摄影不如杂志精美，更不能与视听结合的电视相比了
文字表现力强：报纸版面由文字构成，文字表现多种多样，可大可小，可多可简 图文并茂，又可套色，引人注目	
便于保存和查找：报纸信息便于保存和查找，基本上无阅读时间限制	
传播费用较低	

2. 杂志传播信息的优势和弱点（表7-2）

表7-2　杂志传播信息的优势和弱点

优势	弱点
时效性长：杂志的阅读有效时间较长，可重复阅读，它在相当一段时间内具有保留价值，因而在某种程度上扩大和深化了广告的传播效果	出版周期长：杂志的出版周期大都在一个月以上，因而即效性强的广告信息不宜在杂志媒体上刊登
针对性强：每种杂志都有自己的特定读者群，传播者可以面对明确的目标受众制定传播策略，做到“对症下药”	声势弱：杂志媒体无法像报纸和电视那样造成铺天盖地般的宣传效果
印刷精美，表现力强	理解能力受限：像报纸一样，杂志不如广播电视那么形象、生动、直观和口语化，特别是在文化水平低的读者群中，传播的效果受到制约

二、广播与电视传播信息的优势和弱点

1. 广播传播信息的优势和弱点

广告主经常要运用广播、电视去播发新闻、广告。广播与电视同属于电子媒体，它们能及时、有效地影响公众，是非常重要的广告传播手段。

广播是指通过无线电电波或导线传送声音节目、供大众收听的传播工具。广播分无线广播和有线广播。通过无线电波传送声音符号称无线广播，通过导线传送声音符号称有线广播（表7-3）。

表7-3　广播传播信息的优势和弱点

优势	弱点
传播面广：广播是使用语言做工具，用声音传播内容，听众对象不受年龄、性别、职业、文化、空间、地点、条件的限制	传播效果稍纵即逝，耳过不留，信息的储存性差，难以查询和记录
传播迅速：广播传播速度快，能把刚刚发生和正在发生的事情告诉听众	线性的传播方式，即广播内容按时间顺序依次排列，听众受节目顺序限制，只能被动接受既定的内容，选择性差
感染力强：广播依靠声音传播内容，声音的优势在于具有传真感，听其声能如临其境、如见其人，能唤起听众的视觉形象，有很强的吸引力	广播只有声音，没有文字和图像，听众对广播信息的注意力容易分散
多种功能：广播是一种多功能的传播工具，可以用来传播信息、普及知识、开展教育、提供娱乐的服务，能满足不同阶层、不同年龄、不同文化程度、不同职业分工的听众多方面的需要	

2. 电视在传播信息中的优势和弱点

电视是用电子技术传送活动图像的通讯方式。它应用电子技术把静止或活动景物的影像进行光电转换，然后将电信号传送出去，使远方能即时重现影像（表7-4）。

表7-4　电视在传播信息中的优势和弱点

优势	弱点
视听结合传达效果好：它是用形象和声音表达思想，这比报纸只靠文字符号和广播只靠声音来表达要直观得多	电视和广播一样，传播效果稍纵即逝，信息的储存性差，记录不便也难以查询
纪实性强、有现场感：电视能让观众直接看到事物的情境，能使观众产生亲临其境的现场感和参与感，具有时间上的同时性、空间上的同位性	电视广告同样受时间顺序的限制，加上受场地、设备条件的限制，使信息的传送和接收都不如报刊、广播那样具有灵活性
传播迅速、影响面大：它与广播一样，用电波传送信号，向四面八方发射，把信号直接送到观众家里。传播速度快，收视观众多，影响面大	电视广告的制作、传送、接收和保存的成本较高
多种功能、娱乐性强：由于直接用图像和声音来传播信息，因此观众完全不受文化程度的限制，适应面最广泛	

－补充要点－

广告的隐形化

当今广告已经越来越进入隐形化趋势。如微信广告，有一条标题很吸引人，“为什么北方人用手洗脸，南方人却用毛巾?”点开来阅读，文章是从问题开始的，“毛巾擦脸更干净吗?一个有趣的事实却是：在更注重清洁、护肤的西方社会，几乎没有人会用湿毛巾擦脸。”接着文章谈到皮肤分泌、毛巾中的细菌繁殖、军队文化，接着谈到洗面奶等，文章行将结束的时候，才提出一个问题：“对于只通过毛巾花色和手感来决策消费的人们来说，怎样买一条好毛巾?”解决方案随后，原来是一条毛巾广告。

课后练习

1. 简述广告媒体的意义。
2. 广告媒体的分类有哪些?
3. 广告媒体评价包括哪些方面?
4. 简述广告媒体的选择原则。
5. 广告媒体选择的方法和策略是什么?
6. 简述电视在传播信息中的优势和弱点。

OLFA®

8

第八章

广告策划实施与评价

学习难度：★★★☆☆

重点概念：提案准备、广告策划的提案注意事项、广告策划书的实施

PPT课件，请在计算机里阅读

章节导读

广告学是一门独立的学科，它是研究广告活动的历史、理论、策略、制作与经营管理的科学。有关广告的知识，起初只零星地见之于新闻学科和经济学科的部分章节内，且很不成系统。到现在为止，广告知识仍是这些学科的组成内容之一，如新闻学、市场学、企业管理学、商业心理学等都论述到广告的内容（图8-1）。

图8-1　创意广告

第一节　广告策划提案技巧

彼此需要却常有抱怨，这就是广告客户（主）和广告公司之间的微妙关系。在广告公司不满广告主苛刻挑剔的时候，双方应在相互尊重的前提下探讨问题。广告公司作为信息服务型企业，应更多地虚心倾听广告主的声音。

一、提案开始前的准备

1. 熟悉

广告策划书的撰写是撰写者与目标消费者的“隔空对话”。广告策划提案，则是提案人与广告客户的“直接交涉”。与目标消费者进行“隔空对话”之前，撰写者必须提前了解消费者的个性和需求。在与广告客户“直接交涉”之前，提案人也一样需要把握企业和项目决策者的个性与需求。因此，在提案之前，提案团队需要做的工作之一便是“熟悉”。

一要熟悉所服务的企业的特性。也要熟悉项目决策者的结构。一般来说，参加提案报告的项目决策者由多人组成。提案人员要清楚决策群中谁是主要决定者，谁是次要决定者，成员对项目的了解程度，各自的性格和工作作风如何等。

还要熟悉提案现场环境。提案团队应实地考察客户的提案报告场所，确认抵达提案场所所需的时间、场地面积，确保电脑、投影仪、话筒、电源、音响、灯光等硬件设施齐全、没有故障。事先熟悉现场，既可以消除提案团队因进入陌生环境而产生的紧张感，又可以避免出现迟到或者提案因设备故障而无法展示等各种意外。要知道，一旦发生这些情况，无论原因在哪方，都会让广告客户对广告公司的做事态度和专业能力产生怀疑，广告公司所有人的心血就会白白浪费。

2. 工具

使用正式的、能集中表达核心战略和主要战术内容的提案报告是提案时的主要工具。这些工具可为提案报告做独到的视觉设计，且符合广告主企业的特征或本次项目任务的特点。广告客户会因此感受到广告公司的尊敬而给予赞赏。

提案报告要“金玉其外”，但要切忌“败絮其中”。一些广告公司以为通过精美的包装就能掩盖内容的贫乏，其实任何一个明智的广告客户都不会简单地因为外在视觉设计精美就做出决断。提案的终极评判标准在于是否能有效解决问题，广告客户对此早已心知肚明。

即使已经具备了创新的观点和策略，也需要精心安排提案报告的内容表达方式。提案报告的内容表达应注意以下几个方面（图8-2）。

（1）提案报告的厚薄选择问题。很多广告设计师的心态是：提案报告越厚，说明自己所做的工作越多，也就是比别的同事对广告客户更认真。但市场经验日趋成熟的广告主则不会这样看待。

（2）采用动态符号增加提案报告的生动性和吸引力。提案报告中的主体大多为文字、数据、图表和图片这些静态的符号，静态符号的持续呈现容易让人产生心理疲倦，因而可以适当插入动态的动画、影音来适度调节。对静态符号中的某些重点如关键字词、标点（问号、感叹号等）以动画效果展示的方式进行强调，也是简单而行之有效的办法。

3. 演练

演练不是可有可无的部分，而是实战的开始。因此，在预演时，提案团队应该完全展示计划提案时的状态，参会者也应认真考核，不妨多提一些刁钻、强硬的问题。提案团队应全力以赴，既要热忱积极，又要冷静应对。参会者的结构可以多元一些，除了项目的相关人员参加外，也可适当让其他部门的代表参与进来，这样能够集思广益，有助于预测更多真实提案中的可能性情况。对演练时出现的不足，提案团队应在演练刚结束参会人员还在场时当即讨论修改。如果一次演练效果不佳，则提案团队必须在经过调整改进后再进行下一次演练，直到做到令人满意为止。

二、提案过程中的注意事项

1. 提案团队的言行

提案团队的着装要整齐协调，透过服装展现广告公司的企业文化内涵和员工的团队合作意识。也可以巧妙针对广告企业的品牌个性搭配衣着，以表达对客户企业的尊重。

当客户提出质疑时，提案人切忌急躁不安。不要与客户争吵、辩论，而是以较为婉转缓和的语言引导客户的思路，使其能以提案人的视角重新看待问题。

2. 提案的时间分配

个人完成心理工作的能量具有一定的极限，某些类型的信息加工可由信息的输入引起，而另一些则需要额外输入注意努力。提案过程中，客户不可能全程保持较高的注意力水平，因而提案团队必须适时“行动”，向客户输入“注意努力”。

（a）

（b）

图8-2　广告提案

报告展示和讲解说明是提案的视觉和听觉两大组成部分。提案时要注意视觉与听觉时间比例的合理化。另外，不能把全部的提案时间用于报告展示和讲解说明，一定要留出富余时间，用以应对客户打断报告主动发问、因处理公司或其他事务而离场等不可预料的偶然因素所造成的报告节奏的变化。

将每一位提案发言人的时间精确到秒。另外，提案团队千万不要迟到，迟到是最易犯的错误，同时也是最大的禁忌。

三、提案完成后的行动

1. 内部共享和外部跟进

提案完成后，广告策划者应当尽快组织总结会议，将提案中与客户达成一致和待商榷的部分传达给广告公司的各个部门，这样一方面可以让各部门在最新的、统一的指导方向之下开展新工作，也可以让各部门做到知识与经验共享。

更为重要的是，广告策划者应根据提案中广告客户的建议，及时对策划方案进行细化或调整，尽早将改进后的方案提交给客户以获得新反馈，使双方最终达成一致，并开展下一步工作。将更多的工作做在广告客户发出号令之前，将提案的结束看成新一轮工作的开端，是广告公司应有的做事方法。

2. 主动与其他组织沟通

为了保证方案的顺利实施，提案完成后的后续沟通还有可能与其他无直接商业合作关系的组织有关联，如行政管理机构、社会公益组织、消费者团体、媒体等。

在不违反法律和行业规范的前提下，广告策划者应当主动解决与其他组织的沟通问题，让之前的提案能最终落实，为广告主争取正当利益。广告策划者不仅需要借助提案将策划方案这种知识产品销售出去，还要动态跟进和有效沟通，避免和减少广告主的使用风险（图8-3）。

（a）　　（b）

图8-3　优秀的广告提案

— 补充要点 —

引入广告策划概念

我国引入“广告策划”的概念，大约是在1984—1985年左右，当时有部分学者撰文呼吁，要把现代广告策划引入中国的广告实践中，树立“以调查为先导，以策划为基础，以创意为灵魂”的现代广告运作观念。在1989年4月，上海的唐仁承出版《广告策划》专著，其后，北京的杨荣刚也出版了《现代广告策划》。

第二节 广告策划书的实施

广告策划书的实施，指的是广告策划方案实施过程中的组织、控制和协调活动，是把广告策划方案从理念转化为具体行动的过程。在广告策划书的实施过程中，策划部门与其他部门之间、广告策划者与广告主之间关系不协调、广告活动资源不到位、广告人员办事效率低下或工作流程混乱，任何一个执行环节的失控，都会使原本非常好的广告策划方案不能产生预期的广告效果，最终损害广告主利益，也会破坏广告公司的市场信用。因此，我们必须寻求能保障广告策划方案成功实施的执行技能。

一、协调

无论是分配时间、资金和人员的能力，还是设置工作人员之间为实现共同目标而应具有的关系结构，其本质都是协调技能。广告策划书的实施所需的协调技能也包含了同样的内容。

广告策划书的实施必须遵循广告活动的自然时间方向，是从广告创意表现、广告制作到广告投放的线性动作。但在广告投放期间，又可能伴随着促销活动、公关活动等其他事项的同期开展，形成了时间平行的动作关系。处理阶段性任务的时间、资金和人员资源分配就成为广告策划书实施的协调内容之一。另外，广告策划书的实施过程，往往关联诸多主体，如广告公司一方的策划人员、创意人员、制作人员、客服人员等，广告主一方的高层主管、项目经理、业务员等，还包括广告的形象代言人、广告媒体、广告行政管理等。众多机构和人员的合作配合，就成为广告策划书实施时的又一协调部分。

一般来说，广告策划书实施各阶段任务的时间、资金和人员分配问题大多在前期广告策划书的制订过程中已经部署清楚。执行时，相关管理者和员工只要严格照章履行，就不会有太多错漏发生。

在广告策划书的实施阶段，广告主会安排专职人员进入广告公司的项目实施小组。虽然广告主一方的专职人员的策划经验并不一定足够，但他们往往在促销、公关、销售等领域能征善战，能弥补广告公司业务能力的不足，并提供不一样的观察视角。不过，广告主的专职人员切莫将自己看作是只负责“挑毛病”的人，应凭借在大量实践中形成的经验和直觉，更多地向广告公司项目组提出建设性的意见。专职人员也不能将自己的意见强加给广告公司员工，向其施压，使其被迫服从。在广告公司项目组认真工作的前提下，广告主一方的工作人员应当更主动地对广告公司员工表示友好，乐于肯定，视之为良师益友，而非可以颐指气使的仆人，这将更有利于良性组织关系的建立。

二、控制

广告策划书在实施过程中的控制主要包括效率控制和策略控制。广告策划书实施过程中的效率控制侧重于强调信息传输的精准和快速。要保证信息传输的精准度，必须清楚界定“人、事、责”的对应关系。

对广告策划书实施团队而言，团队管理者必须与每一个团员之间达成对“人、事、责”内容理解的一致，并要求团员以亲笔签字等不可由他人替代的方式表示确认。团队管理者还应当在活动推进的节点时间阶段（如创意、制作、投放阶段）检查各工作小组是否如期按质完成规定任务，未能达到目标的落后小组必须解释事情的原委和他们使计划完成所要采取的行动。

要提高信息传输的速度，须综合考虑团队成员正式交流的频次和方式的选择。会议是团队成员正式交流的主要方式，召开会议的次数应根据策划项目实施时间的长短相应增减。会议次数过多，会过多增加行政事务的时间成本，降低工作效率。会议次数过少，团队内部信息传输不畅，不利于管理者觉察潜藏的问题和风险。在团队正式交流的方式选择方面，广告策划书实施团队的管理者应当要求至少各小组的主要负责人的汇报必须言之有物、直击问题核心，甚至可以使用控制时间的方式，激励负责人紧扣主题、着眼关键。

三、激励

激励就是指主体通过某些手段或方式让激励客体在心理上处于兴奋和紧张状态，并积极行动起来，付出更多的时间和精力，以实现激励主体所期望的目标。广告公司的激励与人力资本价值之间是一种正相关的关系，激励越强，人力资本的价值就会提高。

首先，负责实施广告策划案的主管要树立激励标杆，让工作人员知道什么样的表现能够得到褒奖。其次，当工作人员达到了奖励标准时，项目实施主管就应当兑现承诺，并注重奖励方式的多样性。

> **— 补充要点 —**
>
> **广告策划书避免冗长**
>
> 写广告策划书一般要求简短，避免冗长。要简要、概述、分类，删除一切多余的文字，尽量避免重复相同概念，力求简练、易读、易懂。撰写广告计划时，不要使用许多代名词。广告策划的决策者和执行者不在意是谁的观念、谁的建议，需要的是事实。广告策划书在每一部分的开始最好有一个简短的摘要。在每一部分中要说明所使用资料的来源，使计划书增加可信度。一般说来，广告策划书不要超过二万字。如果篇幅过长，可将图表及有关说明材料用附录的办法解决。

第三节　广告策划方案的评价

因为市场地位、目标区域、竞争目标、产品特征等各种要素的差异，不同的企业对广告公司的服务期待是不同的（这点已在前文阐述过），势必会带来广告策划方案评价标准的不同。

可以预见，随着广告公司业务模式的改变，未来广告策划方案的评价也必将是动态变化的体系。因此，对本节所提供的广告策划评价的一般方式和普遍标准，学习者应当结合实际灵活应用，不可生搬硬套。

一、广告策划方案评价的总体导向

1. 不偏不倚

无论广告公司以何种程度深入广告主的营销领域？一次或某一时间段内的广告策划都无法解决企业的全部市场问题，甚至不能独立完成企业的传播目标。所以，在清晰的市场传播目标下，将广告整合进整体传播体系，借其优、用其长，才能最充分地发挥广告的传播效应与影响。广告主应当明确广告策划方案的“有所为”和“有所不为”，依据策划方案中提出的任务来制订策划方案实施后的衡量标准，保持前后一致，做到不偏不倚地评价方案的价值。

广告主的“不偏不倚”还指广告主既要认真给广告公司的策划方案纠错，又要敢于承认由自身原因所造成的方案失误。广告主的坦诚，往往能让广告公司感受到温暖和尊敬，从而再次激发出策划人员的专业创造力。

2. 虚怀若谷

广告主了解自己，但不了解消费者；广告公司不太了解企业，但更了解消费者。因而，只要在为广告公司提供机会了解企业以弥补知识不足后，在关于影响消费者的策略问题上，广告主应当放低姿态、虚怀若谷，倾听广告公司的意见。不那么“强势”的广告主，常常会得到更多的回报。为了提高合作的质量，广告主在评价广告策划方案时，应给予更多鼓励和包容。

3. 约法三章

广告客户和广告公司之间事先要约法三章，制定出评估条款，且表明评估条款是属于广告策划案内容评价部分，还是广告策划案实施效果评价部分。

企业给出的评估条款应当具体、实在，不能用“让消费者满意”、“销量提升”、“表现企业品位”之类的模糊、抽象的词句作为日后的评估准则，尽量采用数据化、实体化的表述。以房地产广告策划案为例，由于消费者会关注楼盘的很多相关因素，如地段、价格、户型、朝向、交通、付款方式、配套设施、规划、交付使用时间、发展商的信誉和实力等，但不是每一个关注因素都会成为广告策划案的主要强调对象，消费者也不会对每个因素给予同样分量的关注。因此，将“提升消费者对广告楼盘的关注度”作为广告策划案的评估条款是不精确也是不符合实际的。如果将条款表述改为“广告投放一个月后，有50%的目标消费者能够回答楼盘的价格和规划特征，有20%的目标消费者采取了咨询行动”，就会比原表述更为准确，也更能科学地激发广告公司的工作效能（图8-4）。

二、广告策划方案的内容质量分析标准

广告策划方案内容质量上乘的另一重要表现则是广告策划方案是否以最佳方式调配使用资源，即做到人尽其责、物尽其用和井井有条，实现最优化原则。

首先，要充分考量广告产品需要和客户意愿的实际情况，合理分配广告客户的预算，并给出确凿的依据。在广告预算有保障的前提下，广告公司必须让“好钢使在刀刃上”，不可任意而为。其次，广告策划案对各项任务的分工、配合与推进等环节的设计必须

图8-4　地产商广告策划

合理有序，能够提供任务分配表、工作进度表和物资使用计划表。

任务分配表主要表明各个部门、各人负责的事项，各自的权责界定，跨部门工作衔接，以及跨部门的合作注意事项。工作进度表是广告策划案实施的预期的、阶段性安排，规定在每一个时间段内各部门、各人员工作要完成的事项，并提供工作检查方法。物资使用计划表主要列清各个阶段工作的开展所必需的物品、设备或场地，以及给出物资的采购、保管、运输、调度等后勤事务的解决方案。

三、广告策划方案的实施效果衡量指标

提供认知、建立情感和驱动行为，是广告策划方案实施的三大效果类型，这已经被大多数广告公司和广告主所认同。

1. 认知目标

认知目标包括知识、领会、运用三大目标："知识"指目标消费者接触产品或企业广告后进行再认知或者回忆广告作品的完整程度。"领会"指目标消费者理解广告创意表现中所含的语言文字、视觉符号等信息所代表的产品或企业特性的准确程度。"运用"指广告主题成为指导目标消费者消费理念的优先原则的选择几率。

2. 情感目标

情感目标包括反应、评价、性格化三大目标。"反应"指目标消费者对广告商品所代表的消费意义从不反对、赞同到被消费意义取悦的三种由浅至深的情绪。"评价"指目标消费者渴望拥有广告商品的心理越来越强烈。"性格化"指目标消费者除了将通过广告获得的知识用于指导消费行动外，还是否会利于正面指导个人生活、社会交往等其他方面问题的解决。

3. 行动目标

行动目标包括定势、机制、创作三大目标。"定势"指目标消费者在购买某类产品或服务之前是否将广告产品作为考虑对象并愿意付出多少经济预算。"机制"指如果重复购买，目标消费者仍然会选择广告产品的可能性。"创作"指目标消费者是否愿意分享自身广告产品的消费体验，让朋友或家人也成为广告产品的购买者。

由于每一项广告策划案涉及的具体情景都不相同，因而测量者可以根据将以上目标效果体系的每一个细化指标相应转化为依据特定策划项目量身定制的问题，并使用顺序量表（把许多刺激对象同时呈现给被试者，让被试者按一定标准把它们排成一个顺序）、等距量表（把一个感觉分成主观上相等的距离）、比例量表（把一个感觉量加倍或减半、取任何其他比例或估算对应数值等）等心理量表形式来设置备选答案。最后，运用统计和数学运算，得出相关数据和结论。

四、优秀广告策划案例

1. 白加黑——治疗感冒，黑白分明

1995年，"白加黑"上市仅180天销售额就突破1.6亿元，在拥挤的感冒药市场上分割了15%的份额，登上了行业第二品牌的地位，在中国营销传播史上，堪称奇迹，这一现象被称为"白加黑"震撼，在营销界产生了强烈的冲击（图8-5）。

一般而言，在同质化市场中，很难发掘出"独特的销售主张"（USP）。感冒药市场同类药品甚多，市场已呈高度同质化状态，而且无论中、西成药，都难于做出实质性的突破。康泰克、丽珠、三九等"大腕"凭借着强大的广告攻势，才各自占领一块地盘，而盖天力这家实力并不十分雄厚的药厂，竟在短短半年里就后来居上，关键在于其崭新的产品概念。

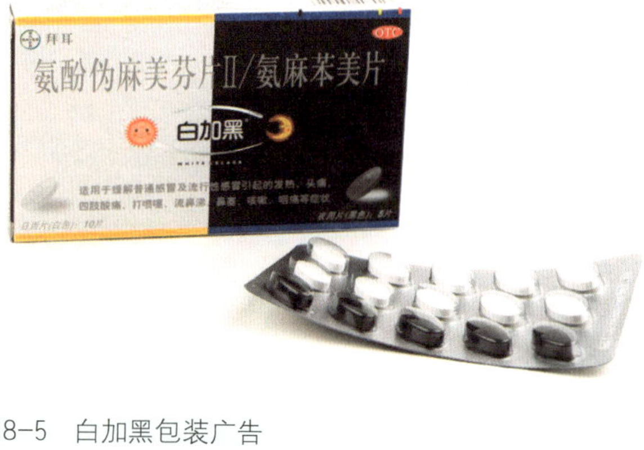

图8-5　白加黑包装广告

“白加黑”是个了不起的创意。它看似简单，只是把感冒药分成白片和黑片，并把感冒药中的镇静剂“扑尔敏”放在黑片中，其他什么也没做；实则不简单，它不仅在品牌的外观上与竞争品牌形成很大的差别，更重要的是它与消费者的生活形态相符合，达到了引发联想的强烈传播效果。

在广告公司的协助下，“白加黑”确定了干脆简练的广告口号：“治疗感冒，黑白分明”，所有的广告传播的核心信息是“白天服白片，不瞌睡；晚上服黑片，睡得香。”产品名称和广告信息都在清晰的传达产品概念。

2. 脑白金——吆喝起中国礼品市场

在中国，提到“今年过节不收礼”，便知道是“收礼只收脑白金”的广告语。脑白金曾经成为中国礼品市场的第一代表（图8-6）。

睡眠问题一直是困扰中老年人的难题，有资料统计，国内至少有70%妇女存在睡眠不足现象，90%的老年人经常睡不好觉，脑白金功能是解决睡眠问题。但是在红桃K携“补血”、三株口服液携“调理肠胃”概念创造中国保健品市场高峰之后，在保健品行业信誉跌入谷底之时，脑白金若以单一“睡眠”概念不可能迅速崛起。

然而，作为单一品种的保健品，脑白金以极短的时间迅速启动市场，并登上中国保健品行业“盟主”的宝座，引领我国保健品行业长达五年之久。其成功的最主要因素在于找到了“送礼”的概念。中国是礼仪之邦，有年节送礼、看望亲友、病人送礼、公关送礼、结婚送礼、下级对上级送礼、年轻人对长辈送礼等几十种送礼行为，礼品市场何其浩大。脑白金的成功，关键在于定位于庞大的礼品市场，而且先入为主地得益于“定位第一”法则，第一个把自己明确的定位为“礼品”——以礼品定位引领消费潮流。

3. 1：1：1——金龙鱼比出新天地

在中国，嘉里粮油旗下的“金龙鱼”食用油，10年来一直以绝对优势稳居小包装食用油行业第一品牌地位。调和油这种产品是“金龙鱼”创造出来的。当初，金龙鱼在引进国外已经很普及的色拉油时，发现虽然有市场，但不完全被国人接受。原因是

图8-6　脑白金广告

图8-7　金龙鱼广告

色拉油虽然精练程度很高，但没有太多的油香，不符合中国人的饮食习惯。后来，金龙鱼研制出将花生油、菜籽油与色拉油混合的产品，使色拉油的纯净卫生与中国人的需求相结合，使得产品创新终于赢得中国市场（图8-7）。

为了将“金龙鱼”打造成为强势品牌，“金龙鱼”字品牌方面不断创新，由最初的“温暖亲情，金龙鱼大家庭”合家团圆概念，提升为“健康生活金龙鱼”健康概念。然而，在多年的营销传播中，这些“模糊”的品牌概念除了让消费者记住了“金龙鱼”这个品牌名称外，并没有引发更多联想，而且，大家似乎还没有清楚地认识到调和油到底是什么，对身体有什么好处。2002年，“金龙鱼”又一次跳跃龙门，获得了新的突破，关键在于其新的营销传播概念“1：1：1”。看似简单的“1：1：1”概念，配合

"1：1：1最佳营养配方"的理性诉求，既形象地传达出金龙鱼由三种油调和而成的特点，又让消费者"误以为"只有"1：1：1"的金龙鱼才是最好的食用油。

十年磨一剑，金龙鱼在2002年才让中国的消费者真正认识了调和油，关键在于找到了一个简单的1：1：1营销传播概念。

– 补充要点 –

广告策划决策环节，其基本评估内容为：

1. 看广告计划是否与广告目标相一致，其内在逻辑联系紧密与否，广告成功的可能性是否最大限度地得到了利用；

2. 评估广告决策是否正确，广告策略是否运用恰当；

3. 广告主题是否正确，广告创意是否独特新颖，广告诉求是否明确，目标消费者是否认准；

4. 广告预算与实际费用如何，它们与广告效益的关系如何，是否随广告投资增加而效益也成正比例地增加等。

第四节　优秀广告作品解析

学习广告创意与策划最直接的方法就是欣赏大量优秀广告作品，对于优秀作品的认知一般经过模仿修改到独立创意这个过程，最初的模仿是为了今后更好的独立创意，本节列出的优秀作品大多具有比较深刻的含义，甚至带有2～3层言外之意（图8–8、图8–9），这类广告作品的耐看性与可持续性才是我们需要学习的。

1. 矿泉水广告

Perrier 矿泉水广告在广告圈确实引起了不小的轰动，在艺术造诣上表现得也是相当惊人的。令人几乎可以从这个广告中感受到这种热度，使用这瓶水比任何时候看起来都更为恰当。这里有一些很好的表现手法，例如背景里有融化了的唱片机、手机、背包和托盘（图8–10）。

2. 洗手凝胶广告

当人们第一眼看到这个广告的时候就觉得"恶心！"或者是"毛骨悚然！"，那么他们就成功了。因为sanzer是一个抗菌手凝胶的品牌，通过这次活动，我们确实感受到了这款产品的重要性。标语上写道："你真的体会到了吗?"描绘了用肮脏手指和不能再被使用的电话（图8–11）。

3. 费尔特里内利图书广告

这张手绘风格的平面广告来自费尔特里内利出版社，主旨是为表达人们对于纸质书阅读的热情。如今，给图书做广告是件很难的事，人们乐于选择Kindle这样的阅读工具，而越来越少的人会选择纸质书，而这张可爱的插画向人们展示了阅读让人着迷的根本原因。

文字的颜色和排版与手中的书的颜色形成了对比，很好地阐释了广告口号："阅读就是抵抗，阅读就是屏蔽一切的力量"。你和书一起抵挡住了外界嘈杂的声音，对于大多数人来说，这确实是个不错的主意（图8–12）。

4. 吉普地球日广告

为了与世界地球日的主题相吻合，来自以色列特

图8-8　OMO奥妙香皂广告

图8-9　NRG健身中心广告

图8-10　Perrier 矿泉水广告

图8-11　SanzerHand Gel Sanzer Hand Gel洗手凝胶广告

图8-12　FeltrinelliReading费尔特里内利图书广告

拉维夫的广告公司Draftfcb 为Jeep设计了这款简单而实用的海报。用一个象征性的绿色背景，简单的图形组成，绘制了一辆吉普车从地球落下。并在下面用高亢的口号喊道“如果没有地球，你会在哪里开车?”（图8-13）这真是个好问题!

5. 苹果公司广告

广告上的九个人分别是艾尔伯特・爱因斯坦Albert Einstein、阿尔弗雷德・希区柯克Alfred Hitchcock、艾米莉亚・埃尔哈特Amelia Earhart、安塞尔・亚当斯Ansel Adams、比尔・伯恩巴克Bill Bernbach、鲍勃・迪伦Bob Dylan、巴兹・奥尔德林Buzz Aldrin、查理・卓别林Charlie Chaplin、埃莉诺・罗斯福Eleanor Roosevelt。这些优秀的伟人每一个都是没有顺遂跟着世界，最终也改变了世界。正如苹果公司所宣传的理念“变革原始，创新思考”（图8-14）。

6. 数字电影院广告

一看到这条广告很快就被逗乐了。这可能不是我们见过最美丽的或者最有艺术感的海报，但是它肯定会吸引你的注意力。原因就在于，比利时的Duval Guillaume广告公司这在个广告里用怪异的方式表达了我们对于电影的幻想。

该系列还引申了FreeWilly（人鱼童话），非常有趣。这个特别的广告灵感来源于泰坦尼克号，还有一些我们值得注意和喜欢的小细节，多云的天气和不太壮观的船。事实上，这是每个人都可以接触到的东西，但结合在一起就能很好地传达广告寓意（图8-15）。

7. 软美眼镜广告

一个眼镜，一样很小的小物体就能做一个广告，从功能的实用性角度出发，告诉受众戴了他们公司品牌的眼镜，看世界不再是模糊不清的了，微小的大千世界很好地呈现在你的面前（图8-16）。

8. 除锈剂广告

用简单的元素构成该广告的最终效果，将除锈剂喷出来的东西比喻成钥匙，去开已经生锈了的锁头，简单直接地将产品特性描绘出来，让消费者对该产品特性一目了然（图8-17）。

9. 蛋糕广告

想想那些自己喜爱的东西，男孩喜欢模型，女孩喜欢宠物，而这一切又都是自己超喜欢的蛋糕做的，是多么美妙的一件事啊。宣传了Clucky蛋糕的多样造型可以DIY出自己喜欢的样式，给消费者很大的想象空间（图8-18~图8-21）。

图8-13 Jeep-Earth DayJeep 吉普车-地球日广告

图8-14 苹果公司广告

图8-15　Utopolis数字电影院“搭乘”泰坦尼克号广告

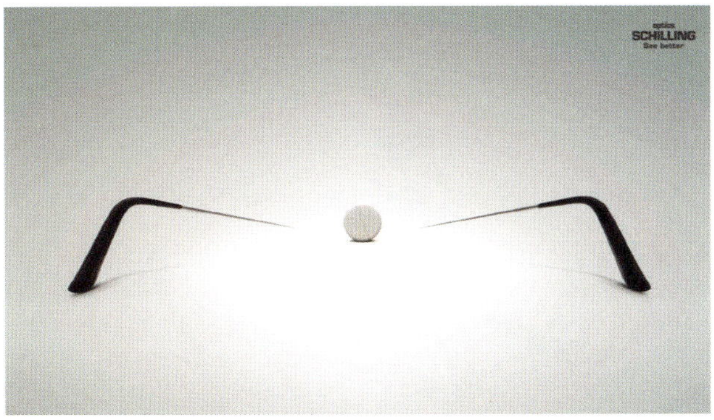

图8-16　欤美SCHILLNG眼镜广告

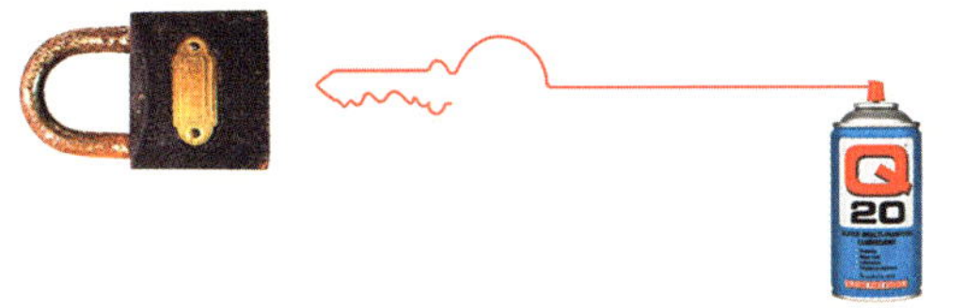

图8-17　除锈剂广告

图8-18　Clucky蛋糕广告

图8-19　中国建设银行“善建者行”广告

图8-20　地产广告

图8-21　乐高广告

课后练习

1. 简述广告策划提案需要做哪些准备?
2. 提案过程中需要注意哪些?
3. 广告策划书实施需要哪几个步骤?
4. 广告策划方案评价的总体导向是什么?
5. 简述广告策划方案的内容质量分析标准。
6. 广告策划方案的实施效果衡量指标有哪些?

参考文献
REFERENCES

1. 蒋旭峰. 广告策划与创意. 北京：中国人民大学出版社，2011.
2. 王菲. 广告学概论. 北京：中国人民大学出版社，2012.
3. 崔银河. 广告学概论. 北京：中国传媒大学出版社，2007.
4. 付强. 广告创意. 武汉：武汉理工大学出版社，2010.
5. 段嵘. 广告设计. 北京：水利水电出版社，2014.
6. 赵红，姚欣，顾静. 广告设计. 北京：清华大学出版社，2013.
7. 陈培爱. 广告文案创作. 厦门：厦门大学出版社，2008.
8. [英] 多米尼克·盖廷斯. 牛文案是怎样炼成的. 陈志娟译. 北京：中国传媒大学出版社，2010.
9. [美] 奥格威. 奥格威谈广告. 曾晶译. 北京：机械工业出版社，2013.
10. [美] 威廉·维尔斯. 广告学：原理与实务. 桂世河，王长征译. 北京：中国人民大学出版社，2013.
11. 蒋旭峰. 广告策划与创意. 北京：中国人民大学出版社，2011.
12. [美] 阿伦斯，（美）维戈尔德，当代广告学. 丁俊杰，程坪译. 北京：人民邮电出版社，2012.